CHRISTOPH
REX DANI
MCCCCXLVIII

# HEIDELBERG

## DAS SCHLOSS | THE CASTLE

FOTOGRAFIE
FRANZ SCHLECHTER

TEXT
HANNS HUBACH VOLKER SELLIN

EDITION BRAUS

DER VERLAG DANKT DER HEIDELBERGER DRUCKMASCHINEN AG
FÜR DIE GROSSZÜGIGE UNTERSTÜTZUNG,
DIE DIE PUBLIKATION DIESES BUCHES ERMÖGLICHT HAT.

HEIDELBERG

Autoren und Verlag danken außerdem für Hilfe
und Unterstützung folgenden Personen:
Andreas Falz, Dr. Reinhard Jüssli, Stefan Wiltschko
vom Staatlichen Liegenschaftsamt Heidelberg
sowie Dr. Ulrike Andersson und Dr. Jörn Bahns
vom Kurpfälzischen Museum der Stadt Heidelberg
für die Abdruckgenehmigung der historischen
Abbildungen im Textteil.

Bild Seite 35:
Lossen-Foto GmbH, Heidelberg

Lektorat:
Tatjana Strasser, Hans Volkmann

Englische Übersetzung:
Philip Mattson

Gestaltung:
ggmbh, Heidelberg

Druck:
Heidelberger Verlagsanstalt
auf Heidelberg Speedmaster

Buchbinder:
C. Fikentscher Großbuchbinderei GmbH

Papier:
Papierfabrik Scheufelen



1. Auflage Oktober 1995

ISBN 3-89466-144-5

THEODOR VERHAS

DAS HEIDELBERGER SCHLOSS VON SÜDEN | HEIDELBERG CASTLE FROM THE SOUTH
AQUARELL, 1856 | WATERCOLOUR, 1856

FRANÇOIS STROOBANT

DER GESPRENGTE TURM
DES HEIDELBERGER SCHLOSSES
LITHOGRAPHIE, O. J.

THE EXPLODED TOWER
OF HEIDELBERG CASTLE
LITHOGRAPH, N. D.

VOLKER SELLIN

# DAS HEIDELBERGER SCHLOSS UND SEINE GESCHICHTE

## DIE RUINE

Das Heidelberger Schloß, einst Residenz der Kurfürsten von der Pfalz, liegt seit seiner Zerstörung im Pfälzischen Erbfolgekrieg 1689 und 1693, endgültig seit dem Brand von 1764 in Trümmern. Lediglich der Friedrichsbau wurde im späten 19. Jahrhundert restauriert.

Eine Ruine ist der Überrest eines Bauwerks, das zu einem bestimmten Zweck errichtet worden war. Die Ruine verweist somit von sich weg auf das, was sie einst war, aber jetzt nicht mehr ist. Über die historische Funktion und die einstige Gestalt eines zerfallenen Bauwerks zu berichten, ist eine verbreitete Form, über eine Ruine zu schreiben. Die Ruine selbst braucht in einem solchen Bericht gar nicht vorzukommen.

Die Geschichte des Heidelberger Schlosses endet jedoch nicht mit seiner Zerstörung. Auch die Ruine hat ihre Geschichte. Die Geschichte der Ruine ist die Geschichte der unterschiedlichen Bedeutungen, die sie für die aufeinander folgenden Generationen gehabt hat, und die Geschichte der Behandlung, welche die einzelnen Epochen ihr haben zuteil werden lassen.

Drei Arten des Verhaltens lassen sich unterscheiden. Die nächstliegende Frage beim Anblick eines zerstörten Gebäudes ist die Frage nach den Gründen dafür, daß es nicht wiederaufgebaut wurde. Tatsächlich waren wenige Jahre nach dem Ende des Pfälzischen Erbfolgekriegs die großen Gebäude der Nordostecke – also Friedrichsbau, Gläserner Saalbau und Ottheinrichsbau – wiederhergestellt. Nach dem Spanischen Erbfolgekrieg wurde der Wiederaufbau auch der westlichen Partien in Angriff genommen. Die Verlegung der kurfürstlichen Residenz nach Mannheim durch Kurfürst Karl Philipp im Jahre 1720 machte diese Pläne jedoch gegenstandslos. Der durch Blitzschlag verursachte Brand von 1764 vernichtete die um 1700 wiederhergestellten Bauten von neuem. Im 19. und noch zu Beginn des 20. Jahrhunderts ist der nochmalige Wiederaufbau des Schlosses lange Zeit erwogen worden. Am Ende blieb es jedoch bei der um die Jahrhundertwende abgeschlossenen Restauration des Friedrichsbaus.

In den Jahrzehnten nach 1764 war die Ruine dem Zerfall und den Unbilden der Witterung preisgegeben. Am plastischen Schmuck der Gebäude tobte sich jugendlicher Mutwille aus, und zahlreiche Bürger der Umgebung holten sich in den Trümmern die Steine für den Bau ihrer Häuser.

Erst dem Wirken des französischen Grafen Graimberg, der sich im Jahre 1810 in Heidelberg niederließ, ist es zu verdanken, daß sich schließlich der badische Staat der Ruine annahm und für ihre Erhaltung sorgte. Der Kampf Graimbergs ist beispielhaft für die Durchsetzung des Denkmalschutzgedankens im Zeichen des romantischen Geschichtsbewußtseins.

Das Verhalten gegenüber der Ruine schwankte in den zurückliegenden dreihundert Jahren also zwischen Wiederaufbau, Preisgabe der Trümmer und Denkmalschutz. Die Motive für diese Verhaltensweisen waren im einzelnen jedoch sehr verschieden.

Die teilweise Wiederherstellung um 1700 und die weiteren Wiederaufbaupläne nach dem Spanischen Erbfolgekrieg waren von der Absicht bestimmt, das Schloß wieder zur Residenz der pfälzischen Kurfürsten zu machen. Die Restaurationspläne des späten 19. Jahrhunderts dagegen entsprangen teils dem Gedanken, durch Wiederaufbau des in Zeiten politischer Ohnmacht der Deutschen von den Franzosen zerstörten Schlosses ein sichtbares Zeichen der politischen Erneuerung Deutschlands zu setzen, teils der Überlegung, daß die Einziehung von Geschossen und die Überdachung vor allem des Friedrichs- und des Ottheinrichsbaus für die Erhaltung der Bausubstanz notwendig seien.

Der Verzicht auf die Fortsetzung des Wiederaufbaus nach 1720 und die Preisgabe der Ruine nach dem Brand von 1764 erklären sich vor allem daraus, daß die Kurfürsten nach der Verlegung der Residenz nach Mannheim in Heidelberg kein Schloß mehr benötigten. Der Mangel an einer geeigneten Funktion war auch im 19. Jahrhundert eines der wichtigsten Argumente gegen eine Wiederherstellung des Schlosses.

Was das Interesse an der Ruine und ihrer Erhaltung betrifft, so ist zunächst jede Ruine als Überrest vergangener Wirklichkeit eine Quelle der Erkenntnis für die historischen Wissenschaften. In den Augen Graimbergs zeugte das Schloß jedoch nicht nur von einer konkreten Geschichte, sondern zugleich von der „Größe und Nichtigkeit der menschlichen Dinge“. Die Ruine wurde zum Ort der Meditation; sie erinnerte den Menschen an seine Vergänglichkeit. Friedrich Matthisson dichtete 1786 „in den Ruinen eines alten Bergschlosses“:

> *„So vergehn des Lebens Herrlichkeiten,*
> *So entfleucht das Traumbild eitler Macht!*
> *So versinkt im schnellen Lauf der Zeiten,*
> *Was die Erde trägt, in öde Nacht!“*

Es war die Zeit, in der Ruinen eigens gebaut wurden, um den Menschen zur Erkenntnis seiner selbst zu bringen, und so wuchs der Ruine des Schlosses seit dem Ausgang des 18. Jahrhunderts eine eigene Funktion zu, die das unversehrte oder wiederaufgebaute Schloß nicht hätte gewinnen können.

Der Gedanke des Werdens und Vergehens verband die Ruine zugleich mit der Natur. Mit dem Wuchern des Efeus über den Trümmern ergriff „die lebendige Natur ... von der Kunst wieder

CHRISTIAN PHILIPP KOESTER

STÜCKGARTEN UND WESTLICHE
BAUGRUPPE DES HEIDELBERGER SCHLOSSES,
VOM SÜDEN GESEHEN
ÖL AUF LEINWAND, UM 1831

ARTILLERY GARDEN AND WESTERN
PALACE ENSEMBLE OF THE CASTLE
AS SEEN FROM THE SOUTH
OIL ON CANVAS, ABOUT 1831

Besitz", wie Wilhelm Heinse 1780 beobachtete. Unvergleichlich hat Friedrich Hölderlin das Ineinanderfließen von Schloßruine und umgebender Landschaft in seiner Ode an Heidelberg zum Ausdruck gebracht:

*„Aber schwer in das Tal hing die gigantische*
*Schicksalskundige Burg, nieder bis auf den Grund*
*Von den Wettern zerrissen;*
*Doch die ewige Sonne goß*

*Ihr verjüngendes Licht über das alternde*
*Riesenbild, und umher grünte lebendiger*
*Efeu; freundliche Wälder*
*Rauschten über die Burg herab."*

In der Folgezeit fehlte es nicht an Stimmen, die sich deshalb für die Erhaltung der Ruine und gegen einen Wiederaufbau erhoben, weil die Ruine weit schöner sei, als das Schloß es je gewesen, bis hin zu dem Urteil eines Barons von Geymüller, der im Jahre 1906 die damals diskutierte Wiederherstellung des Schlosses, dem Geist und der Sprache der Epoche getreu, mit der Zurückversetzung eines Feldmarschalls auf die Rangstufe eines Leutnants verglich.

Wenn die Ruine wirklich schöner sein sollte als das vormalige Schloß, dann hätte Heidelberg durch dessen Zerstörung gewonnen, und ohne Zweifel bestimmt das Bauwerk in seiner jetzigen Gestalt ganz wesentlich den vielbesungenen romantischen Charakter der Stadt. In den wiederkehrenden Schloßbeleuchtungen mit Feuerwerk, deren erste im Jahre 1807 veranstaltet wurde, feiert die Stadt sich selbst und ihre Schönheit. Das Schloß ist als Ruine das Hauptstück des Ensembles und weckt keine bösen Erinnerungen.

Böse Erinnerungen wachzuhalten, war in den Augen vieler national gesinnter Deutscher des 19. Jahrhunderts jedoch die wichtigste Funktion der Heidelberger Schloßruine. Die Ruine sollte jedem Deutschen die Augen dafür öffnen, wohin es führe, wenn Deutschland schwach und uneins sei. Der Anblick der Ruine sollte ständig an die Gefahr gemahnen, die jenseits des Rheins drohte. Der Kunsthistoriker Adolf von Oechelhaeuser erhob die Ruine 1905 sogar zum „Nationalheiligtum", weil sie „die schmachvollsten Zeiten deutscher Ohnmacht und Zerrissenheit" vor dem Vergessen bewahre.

Wer die Ruine in diesem Sinne als ein nationales Denkmal betrachtete, der konnte ebensowenig wie die Ruinenromantiker zustimmen, daß das Schloß wiederaufgebaut würde. Für ihn war die Ruine eine Wunde, die nicht verheilen durfte.

## DIE RESIDENZ

Eine Burg war der befestigte Sitz eines Herrn oder seines Beauftragten. Sie schützte die Insassen vor Angreifern und sicherte damit in ihrem Wirkungsbereich die Ausübung der Herrschaft. Die Anlage auf einem Berg oder am Hang erleichterte die Befestigung und veranschaulichte zugleich die Überordnung des Herrn über die Untertanen.

Herrschaft über ein Gebiet mußte vornehmlich in Schlüsselstellungen gesichert werden. Eine solche war der Schnittpunkt wichtiger Verkehrswege. Am Austritt des Neckars aus dem Odenwald kreuzten sich die Nord-Süd-Verbindung im Oberrheingraben entlang der Bergstraße und die Ost-West-Verbindung auf dem Neckar und durch den Kraichgau über den Rhein hinüber nach Worms und Speyer.

Schon vor 1150 scheint das Hochstift Worms an dieser Stelle eine Burg unterhalten zu haben. Spätestens seit 1174 war Konrad von Staufen, ein Halbbruder des Kaisers Friedrich Barbarossa und seit 1156 Inhaber des rheinischen Pfalzgrafenamts, als Wormser Stiftsvogt im Besitz der Burg und des zugehörigen Gebiets, für das im Jahre 1196 erstmals die Existenz der Stadt Heidelberg urkundlich bezeugt ist. Der Name der Stadt spricht dafür, daß die Burg bereits bestand, als die Siedlung gegründet wurde. Die ältesten Architekturfragmente, die auf dem Gelände des späteren Schlosses gefunden wurden, stammen allerdings erst aus dem 13. Jahrhundert. Neben dieser Burg bestand eine weitere und vermutlich ältere Burg auf der heutigen Molkenkur.

Mit Konrad von Staufen hatte sich der territoriale Schwerpunkt der Rheinischen Pfalzgrafschaft vom Mittel- und Niederrhein in die nördlichen Oberrheinlande verlagert. Von den anfänglichen Zentren Bacharach, Alzey, Neustadt und Heidelberg ausgehend, haben die Nachfolger Konrads, seit 1225 aus dem Hause Wittelsbach stammend, die Pfalzgrafschaft zu einem der mächtigsten weltlichen Fürstentümer des alten Deutschen Reiches entwickelt. Die politische Bedeutung des Pfalzgrafen bei Rhein zeigt sich im 13. Jahrhundert vor allem darin, daß ihm über die Würde des Reichsvikars hinaus zugleich die Stellung des vornehmsten unter den vier weltlichen Kurfürsten zufiel. Zu Beginn des 15. Jahrhunderts wurde der pfälzische Kurfürst Ruprecht III. (1398–1410) als Ruprecht I. selbst deutscher König.

Die größte territoriale Ausdehnung erreichte die Pfalz um 1500 unter der Regierung Kurfürst Philipps des Aufrichtigen (1476–1508). Die pfälzische Herrschaft mit dem Mittelpunkt im unteren Neckarraum reichte damals von Bacharach und Kaub am Mittelrhein bis Colmar und Mülhausen im Elsaß, von Kaiserslautern bis Maulbronn

CARL ROTTMANN

BLICK VON SÜDOSTEN AUF DAS HEIDELBERGER SCHLOSS UND DIE RHEINEBENE MIT DEN PFÄLZER BERGEN
ÖL AUF LEINWAND, UM 1820/22

THE CASTLE AND THE RHINE VALLEY WITH THE PALATINATE MOUNTAINS AS SEEN FROM THE SOUTHEAST
OIL ON CANVAS, ABOUT 1820/22

und Löwenstein. Gewiß gebot dieses Territorium über keine geschlossene Fläche; pfälzisches Gebiet war vielfältig durchsetzt mit anderen Herrschaften, aber die Kurpfalz war doch zur Vormacht im oberrheinischen Raum geworden. Hinzu kam der ausgedehnte Besitz in der Oberpfalz.

Bereits im Landshuter Erbfolgekrieg von 1504 erlitt Kurfürst Philipp allerdings erhebliche Gebietsverluste: Er mußte sämtliche Besitzungen im Elsaß sowie die Gebiete im Osten des unterpfälzischen Landesteils – Möckmühl, Weinsberg, Löwenstein, Besigheim und Maulbronn – abtreten. Ungeachtet dessen bewegte sich das Kurfürstentum auch im folgenden Jahrhundert auf der vordersten Bühne der deutschen Politik. Nach Anfängen unter Friedrich II. (1544–1556) führte Ottheinrich (1556–1559) die lutherische Reformation, sein Nachfolger Friedrich III. (1559–1576) den Calvinismus in der Pfalz ein. Als sich zu Beginn des 17. Jahrhunderts die Fronten zwischen katholischen und protestantischen Reichsständen verhärteten, trat der pfälzische Kurfürst an die Spitze der protestantischen „Union". Der Traum Friedrichs V. (1610–1623) vom böhmischen Königtum endete freilich jäh in der Schlacht am Weißen Berge bei Prag am 8. November 1620. Die pfälzischen Länder wurden besetzt. Im September 1622 eroberte Tilly, der Feldherr der katholischen „Liga", auch Stadt und Schloß Heidelberg. Herzog Maximilian von Bayern erhielt die Oberpfalz und die pfälzische Kur. Friedrich V. verfiel der Reichsacht. Er starb 1632, ohne sein Land zurückgewonnen zu haben. Erst sein Sohn Karl Ludwig (1648–1680) kehrte nach dem Westfälischen Frieden 1649 in die verwüstete und entvölkerte rheinische Pfalz zurück. Bayern behielt die Oberpfalz und die pfälzische Kurwürde. Für den Pfalzgrafen wurde eine achte Kur geschaffen.

Heidelberg hatte sich zur Residenz der Pfalzgrafen, die Burg über der Stadt zum Machtzentrum der Pfalzgrafschaft und des Kurfürstentums entwickelt. Die bauliche Gestaltung der Burg mußte vier Bedürfnissen gleichzeitig Rechnung tragen: dem Streben nach Sicherheit, der Wahrnehmung der Regierungsfunktion, dem Verlangen nach Annehmlichkeit des Wohnens und dem Wunsch nach äußerer Repräsentation. Zu allen Zeiten haben Herrscher ihren Machtanspruch in Bauten zum Ausdruck gebracht. Besondere Sorgfalt galt dabei stets der Architektur des Herrschaftssitzes selbst. Namentlich in der Glanzzeit der pfälzischen Geschichte zwischen dem 15. und dem frühen 17. Jahrhundert haben die pfälzischen Kurfürsten auf dem Burgberg über Heidelberg eine lebhafte Bautätigkeit entfaltet. Angesichts der Beschränktheit des verfügbaren Raums waren sie dabei häufig genötigt, Bauten ihrer Vorgänger ganz oder teilweise wieder abzutragen, um Platz für neue Gebäude zu schaffen. Unterdessen ließen die Konsolidierung des Territoriums und die Durchsetzung des Landfriedens die Verteidigung der Herrscherburg immer weniger erforderlich erscheinen, während gleichzeitig die Verbesserung der Belagerungsgeschütze auch ihre Erfolgsaussichten verringerte. So brauchte die Architektur immer weniger auf Sicherheitserfordernisse Rücksicht zu nehmen. Prachtliebe und Repräsentationsbedürfnis konnten sich zuletzt ungehemmt entfalten. Die Burg wandelte sich zum Schloß.

Das Heidelberger Schloß ordnet sich einem Typus zu, dem auch andere Schlösser Europas zugehören, in Frankreich zum Beispiel Blois und Fontainebleau. Diese Schlösser entwickelten sich wie Heidelberg auf der Grundlage und auf dem Gelände einer mittelalterlichen Burg. Durch die wiederholten Neubauten veränderten sie fortwährend ihre Gestalt. Einzelne Herrscher bauten oder erneuerten jedoch immer nur einzelne Paläste oder Flügel, so daß die Schlösser zu jedem beliebigen Zeitpunkt Komplexe von Gebäuden ganz unterschiedlicher Entstehungszeit und ganz unterschiedlicher Baustile darstellten.

Die baulichen Überreste des einstigen Heidelberger Schlosses sind in der Hauptsache über einen Zeitraum von zweihundert Jahren entstanden. Am Anfang wie am Ende dieser Periode stehen die Bauten von zwei Herrschern, von denen der eine den Aufstieg, der andere den Niedergang der Kurpfalz symbolisiert. Kurfürst Ruprecht III., von 1400–1410 als Ruprecht I. zugleich deutscher König, ließ in der Südwestecke des Schloßhofs den nach ihm benannten Ruprechtsbau errichten. Zunächst war nur das Erdgeschoß gemauert; ein darüberliegendes Geschoß wurde in Fachwerk ausgeführt. Zweihundert Jahre danach, kurz vor dem Dreißigjährigen Krieg, entstand am westlichen Rand der Nordseite, unmittelbar an den Dicken Turm anschließend, der Englische Bau Friedrichs V. Der Name erinnert an die Eheverbindung des nachmaligen „Winterkönigs" mit Elizabeth Stuart, der Tochter Jakobs I., König von England und Schottland.

Ein Vergleich zwischen Ruprechtsbau und Englischem Bau läßt die Entwicklung erahnen, die das Schloß in der großen Zeit des Kurfürstentums durchlaufen hat. Das ältere der beiden Gebäude lehnt sich eng an die innere Umfassungsmauer an und ordnet sich somit klar dem mittelalterlichen Sicherheitskonzept unter, nach dem Wohngebäude nur innerhalb des Befestigungsrings errichtet werden durften. Sämtliche Wohnbauten wurden dementsprechend zum Hofe hin ausgerichtet. Vom Hof aus wurden sie betreten; zum Hofe kehrten sie ihre Fassaden; der Hof verband sie miteinander; um ihn waren sie gruppiert wie um eine italienische Piazza. Der Ruprechtsbau selbst allerdings war auch auf der Hofseite noch äußerst schlicht gestaltet.

JOHANN JAKOB STRUDT

| | |
|---|---|
| DAS HEIDELBERGER SCHLOSS VON SÜDOSTEN | THE CASTLE FROM THE SOUTHEAST |
| GOUACHE, O. J. | GOUACHE, N. D. |

Das gilt selbst für die beiden Obergeschosse, die erst unter Ludwig V. (1508–1544) ihre heutige Form erhielten.

Der Englische Bau dagegen fand nach der lebhaften Bautätigkeit des 16. Jahrhunderts innerhalb des Mauerrings keinen Platz mehr. Daher wurde er, ohne Berührung mit dem Hofe, vor die innere Mauer auf den von Ludwig V. errichteten Nordwall zwischen Faßbau und Dicken Turm gesetzt. Die Sicherheit schien durch die inzwischen unterhalb des Schlosses auf dieser Seite errichtete Große Batterie hinreichend gewährleistet. Doch der Englische Bau folgte auch in anderer Hinsicht neuen Grundsätzen: Er trat nicht nur aus dem Schutz der Mauern heraus, sondern er wandte auch seine dekorative Hauptfassade nach außen, zur Stadt hinunter, während die dem Stückgarten zugewandte Rückseite betont einfach gestaltet blieb. Zwar kehrte auch der im Jahre 1607 vollendete Friedrichsbau Friedrichs IV. (1592–1610) der Stadt eine prächtige Fassade zu, doch wird sie von der Hoffassade noch bei weitem übertroffen. Bei dem unter Kurfürst Ottheinrich (1556–1559) begonnenen und nach ihm benannten Ottheinrichsbau ist der Gegensatz zwischen der reich geschmückten Renaissance-Fassade auf der Hofseite und der schlichten, nach Osten gerichteten Außenwand allerdings noch deutlicher, ganz zu schweigen vom Gläsernen Saalbau Friedrichs II. (1544–1556) in der Nordostecke des Schlosses, der seinen Namen von der Auskleidung der Nordwand des großen Festsaals im obersten Stockwerk mit venezianischem Spiegelglas erhielt.

Mit den drei genannten Palästen in der Nordostecke des Schlosses und ihren dem Hof zugekehrten Fassaden – Friedrichsbau, Gläserner Saalbau und Ottheinrichsbau – hat sich die Renaissance in unterschiedlichen Ausformungen im Heidelberger Schloß verewigt. Auf diesen Gebäuden vor allem beruht seine künstlerische Bedeutung, wobei nicht zu vergessen ist, daß der Gläserne Saalbau längst nicht mehr seine ursprünglichen Dimensionen erkennen läßt: Nur sieben Jahre nach seiner Fertigstellung mußte der Südflügel dem Ottheinrichsbau weichen.

Der rührigste Bauherr des 16. Jahrhunderts war nicht unter den Erbauern der drei Renaissance-Paläste: Es war Ludwig V. (1508–1544), der das Schloß in den sechsunddreißig Jahren seiner Regierungszeit vermutlich gründlicher umgestaltet hat als irgendein Kurfürst vor oder nach ihm. Auch Ludwig V. setzte sich durch einen großen Palastbau ein Denkmal, den Ludwigsbau an der Ostseite des Schlosses, ein Gebäude von nüchterner, geradliniger Architektur. Auch dessen ursprüngliche Ausdehnung ist heute nicht mehr ohne weiteres erkennbar, nachdem der Nordflügel bis zum Treppenturm nur wenige Jahrzehnte nach der Fertigstellung wieder abgerissen wurde, um ebenfalls dem Ottheinrichsbau Platz zu machen.

Außer dem Ludwigsbau ließ Ludwig V. den Bibliotheksbau über dem westlichen Zwinger und den Frauenzimmerbau, Wohnstatt der Hofdamen, errichten. Er ließ die oberen Geschosse des Ruprechtsbaus in massiver Bauweise ausführen, fügte einen Treppenturm hinzu und erhöhte den Glockenturm auf der anderen Seite des Schlosses. Auf Ludwig gehen auch die Wirtschaftsgebäude und der Soldatenbau mit Brunnenhalle im Südostteil der Anlage zurück.

Ludwigs Bautätigkeit erstreckte sich jedoch nicht nur auf Wohn- und Wirtschaftsgebäude. Ebenso wichtig war ihm die Verstärkung der Festungswerke. Er baute den Nordwall, auf dem Friedrich V. später den Englischen Bau errichtete, und setzte den Dicken Turm davor. Zur Sicherung der Westflanke mit dem vorgeschobenen Bibliotheksbau legte er den Stückgarten an, eine mächtige von zwei hohen Mauern eingefaßte Bastion, auf der Geschütze („Stücke") zur Abwehr von Belagerern aufgestellt wurden. Auch Torturm und Brücke an der Südseite des Schlosses stammen aus Ludwigs Regierungszeit.

In der Entwicklung von der Burg zum Schloß bezeichnet Ludwigs Bautätigkeit eine Stufe, in der zum einen die militärische Sicherung der Residenz noch als notwendig und sinnvoll angesehen wurde, in der zum anderen jedoch die Bedürfnisse von Wohnung und Verwaltung einen solchen Umfang erlangten, daß der innerhalb des inneren Mauerrings verfügbare Raum nahezu ausgeschöpft wurde. Schon der Ruprechtsbau war an der Stelle älterer, kleinerer Gebäude errichtet worden. Dasselbe gilt für den Frauenzimmerbau und den Ludwigsbau. Der Bibliotheksbau erhob sich rittlings über dem Graben zwischen innerer und äußerer Mauer, so daß er des Schutzes durch den neuen Westwall mit Stückgarten bedurfte.

Die Schloßbauten der Folgezeit verschoben die Gewichte immer stärker in Richtung auf äußeren Glanz und Repräsentation, wobei zunehmend Wert darauf gelegt wurde, daß die Pracht auch vom Tal aus gesehen würde, wie schon der Friedrichsbau, erst recht aber der Englische Bau zeigen sollte.

Seit Friedrich V. (1610–1623) wenige Jahre vor Ausbruch des Dreißigjährigen Krieges schließlich den Stückgarten in einen Lustgarten umwandeln und im Osten des Schlosses durch den Franzosen Salomon de Caus einen weiteren, ausgedehnten Garten, den berühmten Hortus Palatinus, anlegen ließ, trat der Festungscharakter der Burg noch stärker zurück. Wie wenig die erst unter Ludwig V. ausgebauten Verteidigungsanlagen der fortschreitenden Entwicklung der Kriegstechnik damals noch entsprachen, zeigt sich in der Tat allein daran, daß Stadt und Schloß Heidelberg im Laufe des 17. Jahrhunderts, zuerst während des Dreißigjährigen Krieges, dann während des Pfälzischen Erbfolgekrieges, mehrfach eingenommen und zuletzt fast vollständig zerstört wurden.

JOHANN JACOB TANNER

| BLICK VOM KORNMARKT AUF DAS HEIDELBERGER SCHLOSS SEPIA/TUSCHE, NACH 1814 | THE CASTLE AS SEEN FROM THE GRAIN MARKET SEPIA DRAWING, AFTER 1814 |
|---|---|

## DIE ZERSTÖRUNG

Die Katastrophe am Weißen Berg vor Prag im Jahre 1620 leitete den politischen Niedergang des Kurfürstentums Pfalz ein. Am Schloß wird diese Wendung daran sichtbar, daß nach dem Englischen Bau keine neuen Paläste mehr errichtet wurden. Die Umbauten des nach dem Westfälischen Frieden in die Pfalz zurückgekehrten Kurfürsten Karl Ludwig (1648–1680) blieben bescheiden. Die Macht war zerronnen, das Geld fehlte, und das Schloß blieb in seiner Entwicklung stehen.

In der Hoffnung, sein klein gewordenes Land zu sichern, verheiratete Karl Ludwig seine Tochter Elisabeth Charlotte im Jahre 1671 mit Herzog Philipp von Orléans, dem Bruder Ludwigs XIV. Als vierzehn Jahre später mit dem Tod des Kurfürsten Karl II. die Simmernsche Linie des Kurhauses ausstarb, erhob der französische König zugunsten seiner Schwägerin jedoch Ansprüche auf Teile der pfälzischen Lande.

Diese Ansprüche bildeten einen Teil der Forderungen, mit denen Ludwig XIV. im September 1688 den sogenannten Pfälzischen Erbfolgekrieg gegen das Reich eröffnete. Das pfälzische Erbe stand bei Kriegsbeginn allerdings nicht einmal unter den Nahzielen Frankreichs an vorderster Stelle. Vielmehr suchte Ludwig XIV. der Verschiebung des Mächtegleichgewichts entgegenzuwirken, die seit der Mitte der achtziger Jahre zum Nachteil Frankreichs im Gange war. Seit der Abwehr der Türken vor Wien 1683 hatte Kaiser Leopold I. die Ungläubigen immer weiter zurückdrängen und damit seinen Machtbereich im Donaubecken beträchtlich erweitern können. Unterdessen verlor Ludwig XIV. zunehmend seinen traditionellen Einfluß bei den größeren Reichsständen. Der Kurfürst von Bayern, Max Emanuel, kämpfte gemeinsam mit dem Kaiser in Ungarn; Friedrich Wilhelm von Brandenburg sagte sich nach der Aufhebung des Edikts von Nantes 1685 von Ludwig los; im Juni 1688 starb Maximilian Heinrich, Erzbischof und Kurfürst von Köln, einer der letzten Verbündeten Frankreichs im Reich. Ludwig befürchtete, daß die Türken nach dem Fall Belgrads am 6. September 1688 mit dem Kaiser Frieden schließen würden, so daß dieser den Rücken frei bekäme, um sich mit Unterstützung des Reiches gegen Frankreich zu wenden und ihm die im Regensburger Stillstand von 1684 vorläufig bestätigten Reunionen wieder abzujagen.

Mit dem Einmarsch im Reich wollte Ludwig XIV. dementsprechend eine zweite Front eröffnen und die Türken dadurch ermutigen, den Krieg in Ungarn fortzusetzen, Kaiser Leopold dazu zwingen, den Regensburger Stillstand in einen förmlichen Friedensschluß umzuwandeln, der die Reunionen bestätigte, und schließlich Papst Innozenz XI. dazu veranlassen, dem Bischof von Straßburg, Wilhelm Egon von Fürstenberg, einem Parteigänger Frankreichs, zur Nachfolge des verstorbenen Erzbischofs von Köln zu verhelfen. Da jedoch weder der Papst noch der Kaiser bereit waren, auf die französischen Forderungen einzugehen, verwüsteten französische Truppen in den folgenden Monaten die Pfalz und weite Gebiete darüber hinaus. Auf diese Weise suchten sie ein Glacis zu schaffen, von dem aus bis auf weiteres keine Vergeltungsschläge gegen Frankreich geführt werden könnten, weil gegnerische Truppen dort weder Unterkunft noch Verpflegung und ihre Pferde kein Futter finden würden.

Die Stadt Heidelberg ist bei der Zerstörung des Jahres 1689 noch einmal glimpflich davongekommen. Vom Schloß dagegen blieben nur der Bibliotheksbau und der Krautturm sowie der Nordteil des Ottheinrichsbaus unversehrt. Der Dicke Turm ist damals gesprengt worden und zur Hälfte talwärts gestürzt. Nach erneuter Besetzung durch französische Truppen im Jahre 1693 ging Heidelberg mitsamt dem teilweise wiederaufgebauten Schloß endgültig in Flammen auf.

War der militärische Zweck der Zerstörung von Städten und Dörfern die Bildung eines Glacis, so diente sie politisch zugleich der Einschüchterung und Warnung davor, den Feinden Frankreichs weiterhin Vorschub zu leisten. Die Zerstörung auch der Residenz des Gegners unterstreicht darüber hinaus den dynastischen Charakter des Krieges. Nicht Nationen standen im Konflikt, sondern staatsbildende Dynastien. Nichts vermochte in einem solchen Kampf den Triumph einer kriegführenden Partei bildhafter zum Ausdruck zu bringen als die Vernichtung des gegnerischen Herrschaftssitzes.

Mit Philipp Wilhelm (1685–1690) hatte nach dem Aussterben der Simmernschen Kurlinie die katholische Linie Pfalz-Neuburg das Kurfürstentum Pfalz übernommen. Das neue Kurhaus vereinigte das Fürstentum Neuburg und die Herzogtümer Jülich und Berg in Personalunion mit der Kurpfalz. Nach dem Frieden von Rijswijk von 1697, der den 1688 ausgebrochenen Krieg beendete, begann Kurfürst Johann Wilhelm (1690–1716) mit dem Wiederaufbau des Schlosses. Zuerst wurden die Wirtschaftsgebäude und die großen Paläste in der Nordostecke wiederhergestellt: Friedrichsbau, Gläserner Saalbau und Ottheinrichsbau. Dann unterbrach der Spanische Erbfolgekrieg das Aufbauwerk.

Nach den Plänen des venezianischen Architekten Matteo Alberti sollten die südlich des Englischen Baus auf der Westseite gelegenen Ruinen des Ruprechts- und des Frauenzimmerbaus vollends abgetragen und der dortige Burggraben aufgefüllt werden, um unter Einschluß des Stückgartens Platz zu schaffen für einen ganz neuen Palastbau im Stile des Spätbarock. Gleichzeitig sollte in der Ebene westlich der Vorstadt eine ausgedehnte moderne Schloßanlage entstehen; die Ostfassade dieses Schlosses sollte etwa entlang der heutigen

ABEL SCHLICHT

SCHLOSSHOF DES HEIDELBERGER SCHLOSSES | THE CASTLE COURTYARD
AQUATINTA, 1784 | AQUATINT, 1784

Thibautstraße, die Nordfassade in der Verlängerung der Voßstraße verlaufen. Die beiden Schlösser sollten durch eine breite Fahrstraße miteinander verbunden werden. Von der Gegend um die Märzgasse her sollte die Straße über eine Rampe zum Bergschloß emporgeführt werden.

Nach dem Spanischen Erbfolgekrieg unternahm Karl Philipp (1716–1742) einen neuen Anlauf zur Fortsetzung des Wiederaufbaus. In welchem Umfang er dabei auf die Entwürfe Albertis zurückzugreifen gedachte, ist nicht sicher. Wären sie verwirklicht worden, wäre die Zerstörung des Schlosses durch die Franzosen Episode geblieben. Die Planungen Albertis knüpften an die Tradition des 16. Jahrhunderts an, nach der die Kurfürsten bestrebt waren, durch den Neubau von Palästen im jeweiligen Zeitstil ihren Geltungsanspruch zum Ausdruck zu bringen. Die Absicht, das Bergschloß mit einem modernen Schloß in der Ebene zu verbinden, bedeutete zugleich den endgültigen Abschied vom Festungscharakter der Residenz. Der barocke Neubau auf dem Jettenbühl wäre der Rampe und damit dem Schloß in der Ebene zugewandt gewesen und erst in zweiter Linie dem Innenhof, darin die Wendung des Englischen Baus nach außen fortsetzend.

Der Streit mit dem reformierten Kirchenrat über die Nutzung der Heiliggeistkirche durch den katholischen Hof bewog Karl Philipp im Jahre 1720, die kurfürstliche Residenz nach Mannheim zu verlegen. Dort entstand in der Folgezeit eine ausgedehnte moderne Schloßanlage, jetzt allerdings ohne Verbindung mit der alten Residenz.

So blieb der Wiederaufbau des Heidelberger Schlosses unterbrochen. Die Entscheidung Karl Philipps beraubte es seiner Funktion, und daher bestand auch kein Bedürfnis, das Schloß nach dem durch Blitzschlag verursachten Brand von 1764 wiederherzustellen. Die durch das Aussterben des bayerischen Kurhauses veranlaßte Übersiedlung Karl Theodors (1742–1799) nach München im Jahre 1778 entrückte den Herrscher und seinen Hof noch weiter von seiner ursprünglichen Residenz.

Die Zerstörung des Schlosses war ein Prozeß, der sich über ein Dreivierteljahrhundert erstreckte. Daß auf dem Jettenbühl heute eine Ruine steht, erscheint nicht nur als Ergebnis seiner physischen Zerstörung – zuerst durch die Soldaten des Sonnenkönigs, dann durch Blitzschlag –, sondern auch als Folge seines Funktionsverlusts nach der Verlegung der kurfürstlichen Residenz von Heidelberg nach Mannheim durch Kurfürst Karl Philipp.

In seiner Ruinengestalt erscheint das Schloß heute als Symbol voller Widersprüche. Die Spuren seiner einstigen Pracht vergegenwärtigen die Macht der pfälzischen Kurfürsten; aber die Macht der deutschen Fürsten war nur die Kehrseite der Ohnmacht und Zersplitterung des Deutschen Reiches. Wäre das Reich gerade im Westen stärker gewesen, hätte Ludwig XIV. seine Energien womöglich auf andere Ziele gerichtet. Die Ruine erinnert auch an die Kirchenspaltung in Deutschland, denn der Verzicht auf den Wiederaufbau war das Ergebnis eines Konflikts des katholischen Kurfürsten mit seinen reformierten Untertanen. Schließlich verweist die Ruine auf die Entwicklung der Kriegstechnik: Eine Burg bot im 18. Jahrhundert längst keinen Schutz mehr, und die damals aus Frankreich übernommenen Vorstellungen einer zeitgemäßen Residenz ließen sich nur in der Ebene verwirklichen. Infolge des Zusammenwirkens dieser voneinander ganz unabhängigen Faktoren ist das Heidelberger Schloß zuletzt die einzige Ruine geblieben, die von den ausgedehnten Zerstörungen Ludwigs XIV. im Rheingebiet heute noch zu sehen ist.

Als Denkmal dieses Zerstörungswerks zeugt die Schloßruine gewiß von der Macht des Sonnenkönigs, aber sie ist auch ein Zeichen seiner Schwäche. Die Schaffung einer Zone verbrannter Erde zeigt, daß Frankreich am Ende der achtziger Jahre gesamtpolitisch in die Defensive geraten war. Darüber hinaus erinnert die Ruine daran, daß Ludwig das falsche Ziel gewählt hatte: Er schickte seine Truppen im Herbst 1688 in die Pfalz und nach Kurköln und gestattete damit zugleich ungewollt seinem hartnäckigsten Gegner, dem Statthalter und Generalkapitän der Niederlande, Wilhelm III. von Oranien, mit einem Heer nach England überzusetzen, den mit Ludwig XIV. verbündeten katholischen und absolutistisch gesinnten König Jakob II. zu vertreiben und das militärische Potential Englands im folgenden Jahr in die antifranzösische Koalition einzubringen. So mündete der mit scheinbar begrenzten Zielen leichtfertig entfesselte Krieg in ein neunjähriges Ringen der europäischen Großmächte, das Frankreich an den Rand der Erschöpfung brachte.

Die Erhebung des Oraniers und seiner Gemahlin Mary auf den englischen Thron in der „Glorreichen Revolution" war verknüpft mit der Durchsetzung der Parlamentsherrschaft und der Sicherung der Bürgerrechte durch die Bill of Rights. So mag man die Zerstörung Heidelbergs und der Pfalz auch als Opfer betrachten für den Sieg des parlamentarischen Verfassungsstaats in England, der in den folgenden Jahrhunderten auf die ganze Welt ausstrahlen sollte.

FRANÇOIS STROOBANT

OTTHEINRICHSBAU
DES HEIDELBERGER SCHLOSSES
LITHOGRAPHIE, O. J.

THE OTTHEINRICH
PALACE OF HEIDELBERG CASTLE
LITHOGRAPH, N. D.

HANNS HUBACH

# DAS HEIDELBERGER SCHLOSS ALS TRÄGER FÜRSTLICHER SELBSTDARSTELLUNG

## Gedanken zur Ikonographie der Hoffassaden des Ottheinrichs- und des Friedrichsbaus

*„Hier sitz' ich an dem alten Schloss,*
*Umrankt von dunklen Epheuzweigen.*
*Dort dräut, gesprengt, der Thurmcoloss;*
*die Fürstenbilder schau'n und schweigen."*

Im Rückblick auf seine Heidelberger Zeit schrieb 1822 Johann Dietrich Gries († 1842) sein Gedicht „An die Entfernten", dessen zweite Strophe mit dem einleitend zitierten Vers beginnt. Schon die knappen Zeilen des Hamburger Dichters lassen exemplarisch eine Haltung gegenüber der Heidelberger Schloßruine erkennen, die für die Epochen des Sturm und Drang und der Romantik typisch, für die Zeit danach prägend war. Deutlich spricht aus ihnen der empfindsam verklärende Blick auf eine „durch Kunst exaltierte Natur", wie sie hier im Zusammenspiel der von Schlingpflanzen überwucherten, landschaftlich reizvoll hoch über der Stadt am Ausgang des Neckartals gelegenen Ruine und des verwilderten Schloßparks geradezu beispielhaft erfahren werden konnte.

Der im Verlauf des 19. Jahrhunderts begründete Mythos der Ruine ist im Bewußtsein der meisten ihrer Besucher – nicht nur der deutschen – unauslöschlich verankert. Die wesentlich ältere, im späten 15. Jahrhundert einsetzende und bis zum Ausbruch des Dreißigjährigen Krieges ungebrochen fortgeführte humanistische Tradition des Lobes auf die Stadt Heidelberg und ihr Schloß ist darüber fast gänzlich in Vergessenheit geraten. Autoren wie Peter Luder († 1472) oder Wernher von Themar († 1537), später dann so unterschiedliche Begabungen wie der von seinen Zeitgenossen als *Princeps poetarum* verehrte Peter Lotichius († 1560), Jakob Moltzer gen. Micyllus († 1558), Paul Schede gen. Melissus († 1602) und nicht zuletzt Martin Opitz († 1639) feierten den Heidelberger Hof zu ihrer Zeit als *Parnassus Palatinus*, als pfälzischen Musenberg, auf dessen Gipfel das fördernde Mäzenatentum der Pfalzgrafen den antiken Göttinnen der Musik und der Künste eine neue würdige Heimstatt bereitet habe. In dem von dem französischen Ingenieur und Gartenarchitekten Salomon de Caus († 1626) zu Beginn des 17. Jahrhunderts für die Hauptterrasse des *Hortus Palatinus* [s. Seite 20] entworfenen Gartenfeld mit den darin als lebensgroße Skulpturen aufgestellten neun Musen hätte dieses Selbstverständnis des kurfürstlichen Hofes seine wohl unmittelbarste künstlerische Umsetzung erhalten sollen.

Die Zeitgebundenheit dieser in einer langen Tradition stehenden Form des Herrscherlobes liegt ebenso offen zutage wie die darin zum Ausdruck kommende Befangenheit der Verfasser gegenüber ihrem höfischen Publikum, dessen Gunst es zu erringen und zu bewahren galt. In ihrer Summe spiegeln die Texte den sich im 16. Jahrhundert immer stärker beschleunigenden Funktionswandel von der mittelalterlichen Burg zu einer standesgemäßen, weit- und weltläufigen Residenz der Pfalzgrafen bei Rhein wider. Dabei wird erkennbar, wie sehr das Schloß nicht nur selbst architektonischer Ausdruck, sondern darüber hinaus durch seine Ausstattung mit Kunstwerken auch Träger und – für die zahlreichen hier abgehaltenen Hoffeste – Bühne hochherrschaftlicher Repräsentation und Selbstdarstellung gewesen ist.

Der Sinn und das unmittelbare Verständnis für die vielfältigen Formen höfischer Inszenierungen und dem dabei aktivierten komplexen Zusammenspiel verschiedener Kunstgattungen waren im Zeitalter der Aufklärung und des Klassizismus nach und nach verloren gegangen; die Griessche Methapher vom Schweigen der Fürstenbilder macht dies unmißverständlich deutlich. Das Interesse an den künstlerischen Äußerungen des Manierismus und des Barock blieb lange Zeit gering. Erschwerend kam hinzu, daß die wiederholten Zerstörungen des Heidelberger Schlosses durch Kriege und Naturkatastrophen sowie die Verlegung der Residenz und damit der Hofhaltung nach Mannheim den komplexen Sinnzusammenhang zwischen Architektur, Bauplastik und Innenausstattung unwiderruflich aufgebrochen haben. Denn mit jeder Eroberung wurden Teile der ursprünglichen Ausstattung beschädigt oder zerstört, andere gingen als Beutegut der Sieger verloren.

Die mit aufwendigen Skulpturenzyklen geschmückten Hoffassaden des Ottheinrichs- und des Friedrichsbaus sind heute die letzten am Ort erhaltenen Zeugen der einstigen Pracht. Der weitgehende Verlust des originären historischen und kulturellen Umfelds, vor allem auch des künstlerischen Kontextes, aus dem heraus deren spezifische Bildsprache entwickelt worden war, erschwert das richtige Verständnis der von den Auftraggebern intendierten Aussagen zusätzlich. Insbesondere der Untergang der Decken- und Wandbilder sowie der meisten der wertvollen Tapisserien, die oft Szenen aus der Geschichte der Pfalzgrafen schilderten, hat uns wichtiger künstlerischer Vergleichsgruppen beraubt, die thematisch den Fassadenprogrammen besonders eng verwandt waren; man denke z. B. nur an die berühmten Teppichfolgen Ottheinrichs.

Ich will im folgenden versuchen, den ursprünglichen Rezeptionskontext, in den die Hoffassaden des Ottheinrichs- und des Friedrichsbaus einmal eingebunden waren, punktuell zu rekonstruieren, um ihn als Verständnishilfe mit in die Interpretation einfließen zu

JACQUES FOUQUIERES

„HORTUS PALATINUS", ANSICHT VON SCHLOSS
UND STADT HEIDELBERG VON OSTEN
ÖL AUF LEINWAND, VOR 1620

"HORTUS PALATINUS," THE CASTLE AND THE CITY
OF HEIDELBERG AS SEEN FROM THE EAST
OIL ON CANVAS, BEFORE 1620

lassen. Dabei wird sich zeigen, in welch hohem Ausmaß das Heidelberger Schloß im 16. und 17. Jahrhundert Träger einer programmatisch ausformulierten herrschaftlichen Ikonographie gewesen war und welche Traditionsstränge von den Kurfürsten aktiviert werden konnten, um ihr höfisches Repräsentationsbedürfnis zu befriedigen.

Ich bin mir dabei bewußt, daß auch schon die mittelalterliche Burg repräsentative Funktionen zu erfüllen hatte; diese waren aber den fortifikatorischen Anforderungen eindeutig untergeordnet. Eine erfolgreiche Selbstdarstellung nach außen gelang damals eben am besten durch eine erfolgreiche Selbstverteidigung und damit letztlich durch die Stärke und die Wehrhaftigkeit der Anlage selbst. Aus dieser Tradition heraus blieb das feste Schloß in Deutschland noch für lange Zeit der für adelig-fürstliche Wohnsitze bevorzugte Bautyp. Dies gilt auch und gerade für Heidelberg.

## DER OTTHEINRICHSBAU

Der berühmteste Palast des Heidelberger Schlosses, der 1556 durch Kurfürst Ottheinrich († 1559) an der Nordostecke des Hofs begonnene Bau, ist eine in der deutschen Kunstgeschichte singuläre Erscheinung, die sich einer Einordnung in stilgeschichtliche Schemata erfolgreich entzieht [s. Seite 28; 83]. Es ist ein in seiner inneren räumlichen Struktur noch spätgotisches Gebäude, das zum Hof hin mit einer hochkomplexen Schaufassade ausgestattet worden ist, deren architektonische Gliederung durch „renaissancistische“, von oberitalienischen Palästen des 16. Jahrhunderts abgeleiteten Formen bestimmt wird. Horizontal ist sie durch reich ornamentierte Gebälke in drei unterschiedlich hohe Geschosse unterteilt, die vertikale Gliederung in fünf gleich große Abschnitte erfolgt dagegen in den beiden unteren Stockwerken durch Pilaster, im Obergeschoß durch Halbsäulen. Diese übergeordnete Gitterstruktur faßt dabei jeweils zwei Fenster und eine zur Aufnahme einer Skulptur bestimmte Muschelnische zusammen. Die lastende Horizontalität des Baues wird nur in der Mittelachse durch die Einfügung des über eine vorgestellte zweiläufige Freitreppe erreichbaren Triumphportals durchbrochen, dessen Giebel weit in das zweite Geschoß hinaufreicht [s. Seite 85]. Da deshalb die Figurennische dort ebenfalls nach oben verschoben werden mußte, ergibt sich eine klare Betonung der Mittelsenkrechten, die jedoch im Stockwerk darüber sogleich wieder aufgefangen und beruhigt wird.

Wie bei der Zusammenstellung der architektonischen Einzelglieder wurde auch bei der Auswahl der Bauornamentik kein einheitliches System befolgt: antikische Formen, wie etwa das klassische Rankenwerk in den Pilasterfüllungen, mischen sich mit Motiven des niederländischen Manierismus, mit Roll- bzw. Beschlagwerk. Der wegen dieser Unregelmäßigkeiten vorherrschende Gesamteindruck der Fassade entspricht daher eher dem von Sebastiano Serlio († 1554) formulierten Prinzip der *discordia concordante* als den Regeln der klassischen Architekturordnungen, die, wie verschiedene Versatzfehler bei den Metopen oder die unter den Triglyphen seitlich verschobene Regula zeigen, den ausführenden Steinmetzen und Maurern höchstens in Ansätzen bekannt gewesen sein dürften.

Der englische Gesandte Christoph Mundt berichtete 1559 nach London, daß Ottheinrich ein „prächtiges und luxuriöses Gebäude“ begonnen und dazu von überall her „die berühmtesten Künstler, Bauleute, Bildhauer und Maler“ nach Heidelberg berufen habe; deren Namen nennt er leider nicht. Entscheidende innovative Impulse gingen wohl vom Bauherrn selbst aus, ohne daß man in ihm deshalb den entwerfenden Architekten vermuten muß. Ottheinrichs ungewöhnlich reges Interesse an Fragen der Architektur ist jedoch unbestritten. Er besaß nicht nur eine umfangreiche Sammlung italienischer, niederländischer und französischer Architektur- und Ornamentstiche, in seiner privaten Kammerbibliothek standen auch die wichtigsten Schriften zur Architekturtheorie der Zeit.

Was die Fassade des Ottheinrichsbaus von allen anderen jener Zeit unterscheidet, ist die dominierende Rolle des plastischen Schmucks, vor allem der großen Statuen. Geschaffen wurde er, ebenso wie die Gewände und Bekrönungen der Prunkportale im Hauptgeschoß, von dem aus Mecheln stammenden Bildhauer Alexander Colin († 1612) und dessen Werkstatt.

Die Statuen sind an der Fassade in zusammengehörigen Gruppen angeordnet; dabei entspricht dem Triumphportal sowie jedem Stockwerk eine eigene Bedeutungsebene. In den Nischen des Hauptgeschosses stehen drei alttestamentliche Helden: der Feldherr Josua, Simson mit dem Eselskinnbacken und David, zu dessen Füßen der abgeschlagene Kopf Goliaths liegt, sowie, in der ersten Nische rechts des Portals, ein Heros der antiken Mythologie, der in ein Löwenfell gekleidete Herkules mit seiner Keule. Die dazwischen eingeschobene großartige Portalanlage mit ihrem hohen Giebel kann insgesamt als eine Hoheitsformel, als ein zu Ehren Ottheinrichs errichteter dreiachsiger Triumphbogen angesehen werden, dessen Gebälk von vier großen Karyatiden [s. Seite 87] getragen wird. In der Attikazone über dem Portal nennt eine Inschrift – *„Ott Hainrich von Gottes gnaden Pfalntzgraf bei Rhein. Des heyligen Römischen Reichs Ertzdruchseß und Churfürst. Hertzog in Nidern und Obern Baiern“* – Namen und Rang des Bauherrn. In dem von zwei weiteren, kleineren Karyatiden flankierten Giebelfeld darüber sitzt groß das dreiteilige kurfürstliche Wappen [s. Seite 100]. Links und rechts davon ist je eine Kartusche mit einer Kampfszene zwischen einem nackten Mann und einem Löwen dargestellt, wobei im einen Falle das Raubtier, im anderen

GERRIT BERCKHEYDE

| | |
|---|---|
| HEIDELBERG VON NORDOSTEN | HEIDELBERG FROM THE NORTHEAST |
| ÖL AUF LEINWAND, UM 1670 | OIL ON CANVAS, ABOUT 1670 |

Falle der Mensch obsiegt. Den oberen Abschluß bildet schließlich eine dritte Rollwerkkartusche mit dem Porträtmedaillon Ottheinrichs, die in ganzer Höhe in das erste Obergeschoß und damit in den Bereich der herrscherlichen Tugenden hinaufragt. Hier stehen in den drei mittleren Nischen Figuren der drei christlichen Tugenden, des Glaubens (Fides), der Nächstenliebe (Caritas) [s. Seite 96] und der Hoffnung (Spes), in den beiden äußeren auf der einen Seite die Stärke (Fortitudo), auf der anderen die Gerechtigkeit (Justitia).

Am zweiten Obergeschoß und in der Zone darüber residieren die Planetengötter: In den Nischen stehen der seine Kinder verschlingende Saturn [s. Seite 84], der Kriegsgott Mars, Venus, die Göttin der irdischen Liebe, der an Flügelhelm und Stab erkennbare Merkur sowie Luna, die als Erkennungszeichen ein mit der Mondsichel verziertes Diadem trägt. Auf dem Kranzgesims darüber erheben sich die zur Vollständigkeit der Planetenreihe noch fehlenden Figuren des Sol, der als römischer Imperator im Strahlenkranz auftritt, sowie des seine rächenden Blitze schleudernden Jupiters, der von einem Adler begleitet wird.

An Versuchen, die Bedeutung dieser komplexen Ikonographie zu entschlüsseln, fehlt es nicht, ein verbindlicher Konsens konnte bisher aber noch nicht gefunden werden. Im Gegenteil, oft prallen die verschiedenen Auffassungen unvereinbar aufeinander. K. B. Stark schrieb im Jahre 1861: „Die plastischen Darstellungen der Fassade des Palastes bilden zusammen einen schönen Spiegel fürstlicher Regierung. Auf der Kraft der Persönlichkeit, auf dem Heldentum des Volkes baut sich sicher die fürstliche Gewalt auf; sie hat ihr Zentrum in der Übung der christlichen Tugenden, vereint mit Stärke und Gerechtigkeit, steht endlich unter dem Einfluß höherer Potenzen, einer himmlischen Leitung, die sich im Laufe der Gestirne kundgibt." Dieser Sichtweise werden wir uns trotz ihrer offensichtlichen Zeitgebundenheit heute im Kern sicher leichter anschließen können als solchen Interpreten, die eine Bezugnahme auf den Auftraggeber und dessen Weltbild von vornherein ausschließen. „Wer wollte aus dieser Pinakothek Zusammenhang und Sinn suchen", fragt z. B. C. Neumann und stellt dann apodiktisch fest: „Die Schauseite des Ottheinrichsbaues zeigt in der Wahl der Statuen nur allegorisch Übereinkömmliches, nichts von persönlichem Willen Gefärbtes".

Ich kann hier nicht die verwickelte Rezeptionsgeschichte der Fassade des Ottheinrichsbaus kritisch aufarbeiten, denn dabei müßten auch bisher kaum beachtete Positionen erörtert werden, wie etwa die zeitgeschichtlich äußerst interessante, von Victor Hugo († 1885) in seinem literarischen Reisebericht „Le Rhin" vertretene. Diese wurde zu einer Zeit als die Ruine des Heidelberger Schlosses, „das grausame Opfer des Erbfeindes", schon längst zu einem antifranzösischen deutschnationalen Mahnmal umstilisiert worden war, östlich des Rheins erst gar nicht bemerkt. Dabei zeigt sich der Franzose gut mit der pfälzischen Geschichte vertraut, aus der heraus er seine Interpretationen begründet. So versteht er etwa die vier am Hauptgeschoß aufgestellten Helden als Personifikationen bedeutender Kurfürsten – Herkules sei mit Friedrich II., David mit Friedrich dem Siegreichen gleichzusetzen. In typisch romantischer Manier benutzt er dann seine Beobachtung, daß die Statuen der ‚unsterblichen Olympier' an der Fassade des Ottheinrichsbaus trotz der mehrfach überstandenen Bombardements fast gänzlich unversehrt geblieben waren, die Reihe der Regenten am Friedrichsbau darunter jedoch stark gelitten habe, um aus den Versehrungen der Figuren eine Symbolik abzuleiten, die das Schicksal der Pfalz exemplarisch ausdrücke.

Dagegen wäre aus heutiger Sicht natürlich vieles einzuwenden; man wird Victor Hugo aber zumindest darin Recht geben müssen, daß die Figurenzyklen nicht einfach nur dekorativ, sondern als ein Zeitdokument zu verstehen sind, in dem sich Geschichte konkret widerspiegelt.

Die in diesem Sinne bis heute umfangreichste und am tiefsten gehende Analyse unternahm G. F. Hartlaub. In genauer Umkehrung der Position Neumanns erklärt er das Programm hauptsächlich aus der Persönlichkeit Ottheinrichs, seiner Frömmigkeit und seiner Neigung zum Okkulten, zur Astrologie und zur Geomantik.

In der Tat lassen sich durch diesen Ansatz viele Eigentümlichkeiten, vor allem der Figurenanordnung, erklären. So ergab sich die ungewöhnliche Abfolge der Götterstatuen zwangsläufig aus dem Wunsch des Kurfürsten als einem Planetenkind der Venus, deren Figur zusammen mit der Caritas in die von seinem Porträtmedaillon ausgehende zentrale Bedeutungsachse gerückt zu sehen, um so die in dieser Verbindung zum Ausdruck kommende Harmonie zwischen göttlicher und weltlicher, heidnischer und christlicher Liebe mit der eigenen Person zu verknüpfen.

Die Methode stößt jedoch dort an Grenzen, wo Hartlaub aus Prinzip auf einer Herleitung der Bedeutung aus dem Charakter des Kurfürsten beharrt, obwohl dies vom Motiv her nicht zwingend gefordert ist. Dies gilt zum Beispiel für die beiden Löwenkampf-Reliefs oberhalb des Portals [s. Seite 85], die er als allegorische Darstellungen der *vita activa* bzw. der *vita contemplativa* begreift, wobei die eine Haltung im Sieg des Menschen zum Ausdruck komme, die andere in seiner Unterwerfung. Das Bild des erfolgreich aus einem Kampf hervorgegangenen Siegers als Hinweis auf eine aktive, zupackende Lebensführung leuchtet unmittelbar ein. Auch, daß ein von Melancholie und Geistesträgheit geprägtes kontemplatives – also besinnliches – Wesen in seiner extremsten Form zur Niederlage und

CARL PHILIPP FOHR

SCHLOSS UND STADT HEIDELBERG VON OSTEN
ÖL AUF EICHENHOLZ, UM 1815

THE CASTLE AND CITY OF HEIDELBERG FROM THE EAST
OIL ON OAK, ABOUT 1815

zum Tod des Menschen führen kann, ist unbestritten; zwingend ist diese gedankliche Verbindung jedoch nicht. Denn da es sich bei dem nackten Kämpfer in beiden Fällen um den gleichen athletischen Typus handelt, können gerade die Gründe für die Niederlage aus dem Relief selbst nicht erschlossen werden. Da auch erklärende Inschriften fehlen, mangelt es dem Motiv des Verlierers an der für ein korrektes Verstehen der Szene notwendigen Eindeutigkeit und damit letztlich an unmittelbarer Anschaulichkeit des Bildsinns.

Letztere stellt sich aber dann in hohem Maße ein, wenn man den Löwen, das pfälzische Wappentier, als den eigentlich handelnden Protagonisten begreift. Gerade das Niederringen eines körperlich starken, den Kampf mit dem Raubtier aus eigener Selbstüberschätzung mutwillig suchenden Gegners, läßt sich aus einem von K. Rossmann mitgeteilten Vers eines humanistischen Lobgedichtes auf Ottheinrich erklären, der darin in der Rolle des pfälzischen Löwen auftritt:

*„Der Leo ist, als Plinius sagt, diser Art.*
*Das er seynen Freund greyfft nach dem Bart.*
*Der i[h]n mit vil Gedummel will zwingen,*
*Dem thut er grawsamlich under Augen springen."*

Die inhaltlichen Parallelen von Text und Bild sind offensichtlich. Es ist aber ebenso klar, daß die zweite Kampfszene nicht das im Gedicht anklingende Zusammentreffen zweier sich schmeichelnder Freunde meinen kann, die sich einander „um den Bart gehen". Der in dieser Auseinandersetzung unterliegende Löwe hat wenig gemein mit dem verbreiteten Bild vom stolzen Beherrscher der Tiere: Mit hündisch zwischen den Beinen eingezogenem Schwanz und weit heraushängender Zunge krepiert er im Würgegriff des Mannes – wahrlich kein königlicher Anblick. Diese jämmerliche Kreatur als Wappentier der Pfalz auszugeben, hieße, sie in eine groteske Karikatur des Herrschers zu verwandeln! Dies hätte am Heidelberger Hof aber niemand, nicht einmal der Narr, wagen dürfen.

Auch hier scheitert demnach der Versuch, Sieg und Niederlage überzeugend aus einer gemeinsamen Quelle zu erklären. Es scheidet auch aus, die beiden jeweils „passenden" Erklärungsmodelle unvermittelt nebeneinander stehen zu lassen, denn sie schließen sich gegenseitig aus. Wie so häufig bei allegorischen Darstellungen dieser Zeit, wird der eigentliche Sinn in der Verschmelzung unterschiedlichster Bedeutungsschichten zu suchen sein, ohne daß die dabei sinnvollerweise aufzurufenden historischen, künstlerischen oder ikonographischen Bezüge heute alle schon gefunden und erkannt worden wären. Zusammenfassend kann aber schon jetzt festgehalten werden, daß der Skulpturenschmuck an der Fassade des Ottheinrichsbaus mehr verkörpert als eine bloß additive Ansammlung konventioneller Motive. Er gibt sich vielmehr schnell als ein anschaulicher Spiegel fürstlicher Herrschaft zu erkennen, dem eine klar gegliederte Struktur zugrunde liegt, über die unterschiedliche Sinnschichten verknüpft werden können. Dabei ist entscheidend, daß die Verfasser des Bildprogramms die Rechtmäßigkeit der Herrschaft Ottheinrichs und das daraus erwachsende Wohlergehen des Landes im wesentlichen personal aus den ihm zugeschriebenen Tugenden begründet haben. Hinter ihrer Symbolik verbirgt sich offenbar die Vorstellung von einem guten Regiment, das mit der persönlichen und charakterlichen Integrität des Fürsten steht und fällt!

Daß es daneben auch noch andere Möglichkeiten gegeben hat, zeigt der Bilderzyklus am Friedrichsbau.

## DER FRIEDRICHSBAU

In den Jahren 1601–1607 ließ Friedrich IV. († 1610) anstelle des baufällig gewordenen Traktes zwischen dem Frauenzimmerbau und dem Gläsernen Saalbau an der Nordseite des Hofes einen prunkvollen Palast errichten [s. Seite 28; 90]. Dazu berief der Kurfürst den erfahrenen Straßburger Stadtbaumeister Johannes Schoch († 1631) als Architekten nach Heidelberg. Dieser entwarf ein für das damalige Schloß spektakuläres, erstmals mit zwei architektonisch gleichwertigen Schauseiten ausgestattetes Gebäude, dem an der Talseite zudem ein großzügiger Altan als Aussichtsplattform und als Bühne höfischer Festlichkeiten vorgelagert wurde. Die Fassaden dieses dreigeschossigen, oben mit doppelstöckigen Zwerchhäusern abschließenden Neubaus, sind durch weit vorspringende verkröpfte Gebälke und kräftige Pilaster klar gegliedert, zwischen denen große, von aufwendigen Gewänden gerahmte Fenster die Wandfläche fast völlig auflösen. Sie unterscheiden sich jedoch deutlich durch den grundsätzlich anderen Gebrauch des reichlich verwendeten figürlichen und dekorativen plastischen Schmucks. Während an der Hofseite die sechzehn großen, in an den Hauptpilastern übereinander angeordneten Nischen aufgestellten, deutlich überlebensgroßen Figuren den Gesamteindruck der Fassade ganz entscheidend mitbestimmen, zeigt die damals für repräsentative Zwecke weniger wichtige Talseite im wesentlichen nur heraldische und ornamentale Motive [s. Seite 48, 50].

Die gesamte Bauskulptur wurde von dem aus Ziziers in der Schweiz stammenden Bildhauer Sebastian Goetz († nach 1621) und zahlreichen Gehilfen geschaffen. Dem Meister ist es dabei trotz der an der Hoffassade spürbaren Überfülle gelungen, das für den Eindruck eines geschlossenen Gesamtbildes notwendige Maß an Einheitlichkeit in der Wirkung seiner Skulpturen aufrechtzuerhalten. Der hohe künstlerische und handwerkliche Rang gerade seiner Heidelberger Arbeiten ist zu Recht immer wieder hervorgehoben worden. Durch eine subtile Behandlung der Oberflächen vermochte er dem Stein unterschiedlichste stoffliche Qualitäten überzeugend abzugewinnen. Die großangelegten, zum Teil expressiv deformierten Haltungen seiner monumentalen Figuren gehen einher mit einem durch genaue Beobachtung empirisch gewonnenen Detailrealismus. Aus beidem zusammen spricht das große Können des Schweizers ebenso klar wie aus den ausdrucksstarken und lebensvollen Gesichtern der Pfalzgrafen [s. Seite 96].

Das der Leistung des Bildhauers allgemein gespendete Lob steht in Gegensatz zu den Bewertungen, die das ikonographische Programm erfahren hat. Vor allem die spezifische Zusammenstellung der Kurfürstenreihe stieß bei den Interpreten häufig auf Unverständnis und Ablehnung: „Die Auswahl der Figuren kann nicht als eine glückliche bezeichnet werden. Ludwig V., der große Schloßbauherr, fehlt, und statt dessen erscheinen Persönlichkeiten, wie der Ungarn- und Dänenkönig, als Reklamefiguren eingefügt“, rügte z. B. Adolf von Oechelhäuser. Seine Kritik entsprang jedoch einem allgemein verbreiteten Mißverständnis der tatsächlichen Bedeutung der Figurenfolge, die eindimensional als bloße Visualisierung des Stammbaums der pfälzischen Wittelsbacher verstanden worden ist. Dabei wurde übersehen, daß ein solches offizielles, auf Vollständigkeit abzielendes und chronologisch geordnetes *„Gedechtnus der Churfürsten und Pfalntzgraven bey Rheyn“*, schon vor der Mitte des 15. Jahrhunderts in einem der großen Festsäle des Schlosses eingerichtet worden war. Dort waren die Bildnisse und Wappen sämtlicher Pfälzer Kurfürsten und ihrer Ehefrauen angebracht gewesen, begleitet von Inschriften, die jeweils die Namen der Dargestellten enthielten sowie eine kurze gereimte Charakterisierung ihrer Herrschaft. Der neben der Offenlegung der Abstammung des eigenen Geschlechts wichtigste Zweck solcher Ahnenreihen war es, mit den durch Heirat zustande gekommenen ruhmvollen Allianzen nach Möglichkeit zu prunken, um so den Glanz des eigenen Hauses zu verstärken.

Auf einem von dem – wahrscheinlich älteren der beiden – in Heidelberg tätigen Buchdrucker Anton Corthois um das Jahr 1560 herausgegebenen Holzschnitt ist diese Ahnenreihe bis hin zu Ottheinrich abgebildet [s. Seite 26]. Ihre Vervielfältigung und Verbreitung im Druck belegen den offiziellen, öffentlich-repräsentativen Status, den sie im 16. Jahrhundert genoß. Der prestigeträchtige Anbringungsort und die ungebrochen fortwirkende Tradition, aus der heraus die Heidelberger Porträtfolge entstanden war, sicherten dieser zudem ein derart hohes Maß an historischer Glaubwürdigkeit, daß sie, wie die erhaltenen, aus dem kurfürstlichen Schloß in Amberg stammenden Kopien eindeutig belegen, auch andernorts zur optischen Legitimation pfälzischer Herrschaftsansprüche eingesetzt werden konnte.

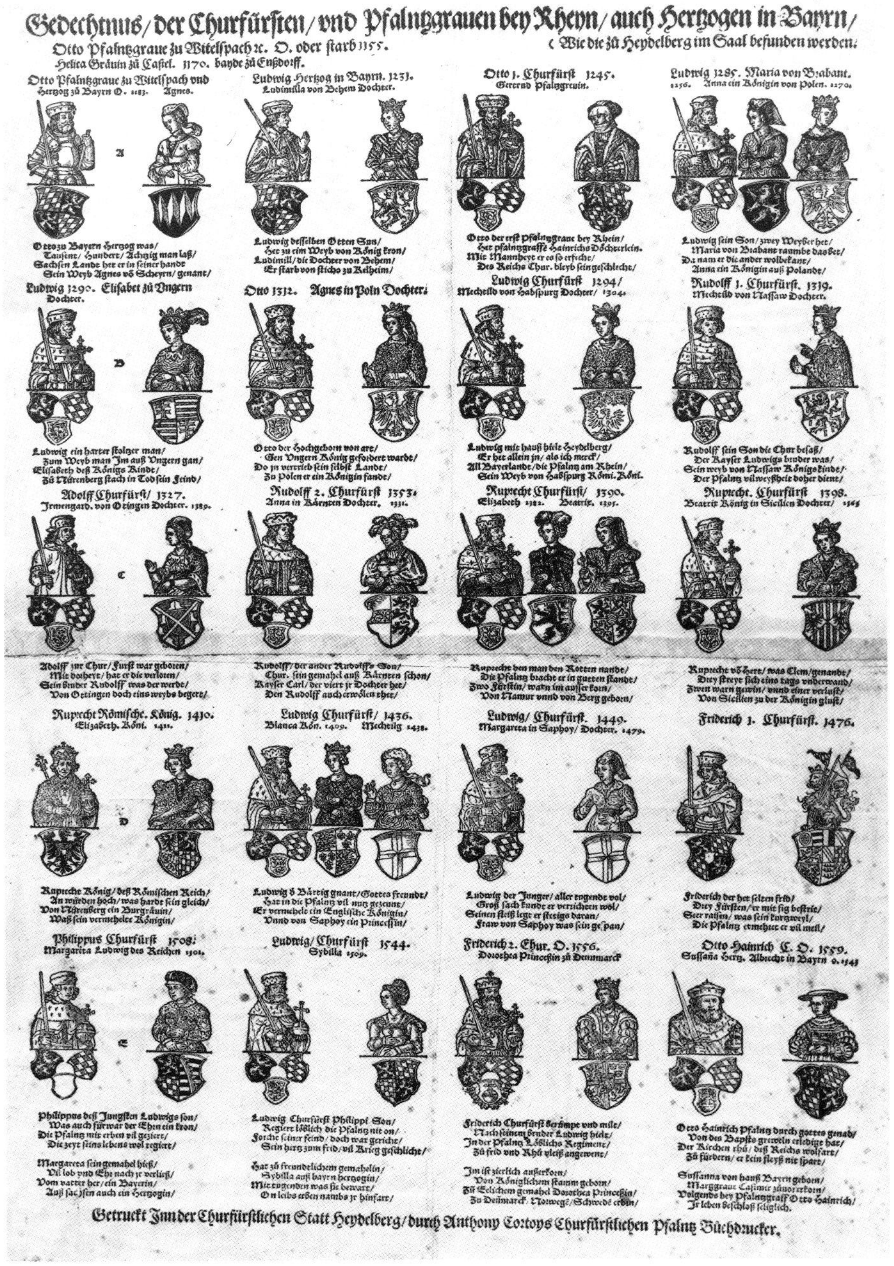


*A. Corthois: Gedechtnus der Churfürsten und Pfalntzgraven bey Rheyn. Holzschnitt, Heidelberg um 1560. (Germanisches Nationalmuseum Nürnberg; Kupferstichkabinett).*

Vor dem Hintergrund dieser am Ort vorhandenen kanonischen Ahnengalerie geben sich die an der Hoffassade des Friedrichsbaus auftretenden Abweichungen von der Norm als gewollte, vom Auftraggeber bewußt initiierte Modifikationen zu erkennen, nach deren Zweck sich zu fragen lohnt.

Alle herrschenden Dynastien Europas förderten durch literarische und unterschiedliche visuelle Lobpreisungen systematisch einen dem selbstgeglaubten Mythos entsprechenden Familienkult. Wir dürfen deshalb davon ausgehen, daß auch Friedrich IV. seine eigene Person als beispielhaft für seine Dynastie und deren überlieferte Tugenden verstand und sich entsprechend dargestellt sehen wollte. Die diesem Zweck angemessene Auswahl der Kurfürsten und Allegorien sowie ihre Verbindung zu einem inhaltlich stimmigen Programm hat er dabei wohl dem berühmten Rechtsgelehrten und Historiker Marquard Freher († 1614) überlassen, der durch seine umfangreiche, 1599 unter dem Titel *Origines Palatinae* erschienene Sammlung historischer Nachrichten zum Vater der pfälzischen Geschichtsschreibung geworden ist. Dessen große Leistung im Hinblick auf die Ikonographie des Friedrichsbaus liegt darin, daß er es verstanden hat, ein repräsentatives Programm zu formulieren, in dem sich drei unterschiedliche Argumentationsebenen zu einem stringenten Gesamtbild verknüpfen: die allgemein-allegorische, die historisch-dynastische und die individuelle des Auftraggebers.

Bevor diese drei Ebenen aber im einzelnen bestimmt und analysiert werden können, ist es notwendig, sich genauer mit der Figur Karls des Großen († 814) zu beschäftigen, die den Beginn der Ahnenreihe markiert und in der zwei für ein tieferes Verständnis des Gesamtprogramms grundlegende Bedeutungsebenen zusammentreffen: Zum einen galt der Kaiser als ältester Ahnherr der Wittelsbacher, was seine Aufnahme unter die Vorfahren Friedrichs problemlos erklärt. Sigrid Gensichen hat jedoch zu Recht darauf hingewiesen, daß seine Statue darüber hinaus als ein Hinweis auf das Amt der Kurfürsten verstanden werden kann, von dem man damals glaubte, daß es sich aus Karls Hofdienst heraus entwickelt habe. Diese Auffassung wird um so plausibler, wenn man erkennt, daß diese Herkunft des Amtes zuvor an anderer Stelle im Schloß schon einmal thematisiert worden war, und zwar in sehr anschaulicher Form. Die mächtigen Granitsäulen der unter Ludwig V. († 1544) wahrscheinlich von dessen Hofarchitekten Lorenz Lechler († vor 1538) erbauten neuen Brunnenhalle stammen nämlich aus dem Palast Karls in Ingelheim [s. Seite 79], eine Tatsache, die Sebastian Münster († 1552) in seiner *Cosmographia* ausdrücklich hervorhebt. Die Überführung dieser prominenten Spolien nach Heidelberg ist von den Pfalzgrafen zweifellos als ein kontinuitätsstiftender Akt verstanden worden, zur Rechtfertigung und besonderen Hervorhebung ihrer eigenen Herrschaft. Diese in der Skulptur Kaiser Karls vereinte Dualität von der Tradition des kurfürstlichen Amtes einerseits und pfälzisch-wittelsbachischer Familiengeschichte andererseits durchzieht wie ein roter Faden das ikonographische Programm am Friedrichsbau. Sowohl die von Freher getroffene Auswahl der Figuren als auch der übergeordnete, keiner strengen Chronologie folgende Aufstellungsmodus, nach dem diese über die Fassade verteilt sind, läßt sich daraus erklären.

Das Untergeschoß ist unschwer als der Friedrich IV. unmittelbar zugehörige Bereich zu erkennen; dies belegen sowohl sein als letztes in der Reihe rechts außen aufgestelles Standbild als auch die über dem Durchgang zum Altan angebrachte Inschrift, die ihn als Bauherrn des Palastes lobt. Zusammen mit den Statuen Friedrichs III. († 1576), Ludwigs VI. († 1583) und Johann Kasimirs († 1592) ergibt sich auf dieser in doppeltem Sinne untersten Ebene die komplette Reihe der Kurfürsten aus dem Hause Pfalz-Simmern, das nach dem Tod Ottheinrichs 1559 die Nachfolge in der Kurwürde angetreten hatte.

Die zwölf an den Stockwerken darüber aufgestellten Fürstenbilder definieren in ihrer Gesamtheit den dynastisch-historischen Bereich, der selbst noch einmal in drei der Geschoßeinteilung entsprechende Register mit jeweils eigenen Grundbedeutungen untergliedert werden kann.

So stehen im ersten Stock ausschließlich Kurfürsten als repräsentative Vertreter des Amtes: Ruprecht I. († 1390) als Gründer der Heidelberger Universität, Friedrich I. († 1476), der siegreiche Feldherr, Friedrich II. († 1556) sowie als letzter Sproß der Alten Kurlinie Ottheinrich.

Im Obergeschoß folgen die ranghöchsten und damit prestigeträchtigsten Vertreter der Familie, Kaiser Ludwig der Bayer († 1347), König Ruprecht I. von der Pfalz († 1410), sowie die beiden Könige Otto von Ungarn († 1312) und Christoph von Dänemark († 1448), die Oechelhäuser etwas respektlos als bloße Reklamefiguren bezeichnet hatte. In seiner positiven Bedeutung beschreibt dieser Begriff die Funktion der Könige aber durchaus treffend, denn zusammen mit Ludwig dem Bayern und König Ruprecht [s. Seite 92] reklamieren sie über ihren Rang die königsgleiche Stellung der Wittelsbacher und damit deren alten Führungsanspruch im Reich, „zu einem Zeitpunkt, als die Leitfunktion der Kurpfalz im protestantischen Lager unbestritten war" [S. Gensichen]. Dies wurde von den Zeitgenossen auch so wahrgenommen und verstanden, zum Beispiel von dem englischen Reisenden Thomas Coryate († 1617), der 1608 das Heidelberger Schloß besucht und eine begeisterte Beschreibung der Hoffassade des Friedrichsbaus verfaßt hat. Die Rangunterschiede der Herrscher sind für ihn sogar das einzige Kriterium, nach dem er die Bedeutung der

FASSADEN DES OTTHEINRICHS- UND DES FRIEDRICHSBAUS | FAÇADES OF THE OTTHEINRICH AND FREDERICK PALACES

Skulpturen unterscheidet: Was die Fassade „vor allem ziert, ist der Reichtum an schönen Statuen. (...) Meist sind es Standbilder der berühmten Pfalzgrafen, bis zu Friedrich IV., dem letzten. Auch Kaiser und Könige (...) sind dort dargestellt".

An den Zwerchhäusern erscheinen dann für die Familie und deren herausgehobene Stellung im Reich entscheidende Schlüsselfiguren, von denen jede den Anfang eines ganz bestimmten Entwicklungsstranges markiert; die diesbezügliche Doppelrolle Karls des Großen als ältester Ahnherr der Wittelsbacher und Stifter des Pfalzgrafenamtes wurde schon hervorgehoben. Ihm zur Seite stehen Herzog Otto I. von Bayern († 1183), der Begründer der wittelsbachischen Hausmacht, Pfalzgraf Ludwig I. († 1231), der erste Kurfürst, sowie Rudolf I. († 1319), der in der familieninternen Überlieferung des 16. Jahrhunderts als direkter Ahnherr aller damals noch lebenden Pfalzgrafen galt.

Die als Bekrönung der Zwerchgiebel aufgestellten Personifikationen der vier Jahreszeiten – Frühling und Sommer stehen an der Hof-, Herbst und Winter an der Talseite – bilden zusammen mit den jeweils über der Mittelachse des Gebäudes auf dem Kranzgesims aufgesockelten Statuen der Justitia die allegorische, überzeitliche Ebene, auf der das Wirken, aber auch das Schicksal der Pfalzgrafen an die allgemeinen Zeitläufte rückgebunden und dem Schutz der göttlichen Gerechtigkeit empfohlen werden.

Die hier zum besseren Verständnis getrennt behandelten Bedeutungsebenen lassen erst in der Zusammenschau ihren tieferen Sinn erkennen. Denn so wie Karl der Große unverrückbar am Anfang der Familiengeschichte steht, markiert Friedrich IV. als vorerst letzter Kurfürst seines Geschlechts naturgemäß den Schluß. In ihm laufen alle Traditionsstränge zusammen, deren berufenster Bewahrer er ist. Er profitiert aber nicht nur vom Ruhm seiner kaiserlichen und königlichen Vorfahren sondern mehrt durch die eigenen Tugenden seinerseits das Ansehen der Dynastie. Friedrichs Verständnis von der Bedeutung des kurfürstlichen Amts nährt sich dabei nicht nur aus den Erfahrungen der noch relativ kurzen Regentschaft seines Stammhauses Pfalz-Simmern, sondern er begreift seine Herrschaft zu einem wesentlichen Teil als Fortsetzung der Traditionen der Alten Kurlinie. Da an der Fassade der Platz für eine vollständige und chronologisch stimmige Ahnengalerie nach dem Muster der offiziellen Porträtfolge jedoch fehlte, mußte diese Kontinuität der Amtsführung hier geistreicher in Szene gesetzt werden: Es fällt auf, daß aus dem Kreis der älteren rheinischen Pfalzgrafen zwei Gruppen als jeweils zusammengehörige, inhaltlich homogene Einheiten vollständig an der Fassade aufgestellt worden sind, die der Könige und Kaiser zum einen, zum anderen die der Repräsentanten des Hauses Pfalz-Simmern. Diese Beobachtung lenkt den Blick unweigerlich auf eine vergleichbare dritte, nämlich die der kurfürstlichen Namensvettern Friedrichs, deren Statuen ebenfalls alle in das Programm integriert wurden. Durch diesen geschickten Kunstgriff konnte die in Form der Stockwerksgrenze konkret erfahrbare Trennungslinie zwischen dem individuellen Bereich Friedrichs IV. und dem historisch-dynastischen darüber aufgehoben werden. Der Rekurs auf die übereinstimmenden Vornamen als traditionsstiftende Elemente wird ihm um so leichter gefallen sein, als mit Friedrich dem Siegreichen, dem legendenumwobenen „Pfälzer Fritz", die im 15. Jahrhundert herausragende politische und militärische Begabung unter den Heidelberger Kurfürsten am Anfang stand, dessen glänzender Sieg in der Schlacht von Seckenheim 1462 noch unvergessen war und einen Gutteil des pfälzischen Selbstbewußtseins ausmachte.

Zusammenfassend läßt sich somit feststellen, daß auch der oft geschmähte Skulpturenschmuck des Friedrichsbaus einen in sich schlüssigen Spiegel fürstlicher Herrschaft darstellt, der ebenso unverwechselbar auf den Auftraggeber zugeschnitten worden ist, wie derjenige des Ottheinrichsbaus, wenn auch mit gänzlich anderen Ausdrucksmitteln. Friedrichs Herrschaft erscheint eben nicht wie dort aus vorbildlichen individuellen Charaktereigenschaften abgeleitet und legitimiert, sondern aus der langen Geschichte und dem Prestige der Familie sowie aus der ungebrochenen Tradition des hohen Amtes selbst.

Die Vielfalt der in den beiden analysierten Skulpturenzyklen miteinander verwobenen Sinnschichten ist erheblich größer, das von den Kurfürsten aktivierte Spektrum höfischer Repräsentationsformen breiter als dies in meinem kurzen Beitrag deutlich werden konnte. Seine strahlendste Glanzzeit als fürstliche Residenz erlebte das Heidelberger Schloß zu Beginn des 17. Jahrhunderts unter Kurfürst Friedrich V., der die böhmische Königskrone annehmen und nach der Niederlage seiner Truppen in der Schlacht am Weißen Berg – 1620 – als „Winterkönig" in die Geschichtsbücher eingehen sollte. Während seiner Regierungszeit wurde die gesamte Schloßanlage endgültig zur reinen repräsentativen Selbstdarstellung der pfälzischen Kurfürsten hergerichtet und ausgebaut.

Für seine Braut Elisabeth Stuart († 1662), die Tochter des englischen Königs Jakob I. († 1625), ließ Friedrich V. von dem Nürnberger Stadtbaumeister Jakob Wolff d. J. († 1616) auf dem Nordwall einen neuen aufwendigen Palast errichten, den sogenannten Englischen Bau, dessen „klassizierende", offensichtlich auf Fernwirkung berechnete Schauseite erstmals zum Tal hin ausgerichtet worden ist. Diese erhob sich, den älteren Unterbau als monumentalen Sockel nutzend, als eine beide Stockwerke des Neubaus zusammenfassende kolossale toskanische Pilasterordnung. Deren feste Struktur ermöglichte es, die Wandfelder dazwischen durch zwei Reihen hoher rundbogiger Fenster weitgehend aufzulösen, so daß sich der Eindruck einer doppelten loggienartigen Arkadenstellung ergab. Das zu einem Festsaal ausgebaute Obergeschoß des Dicken Turms und der auf dem Westwall angelegte Stückgarten ergänzten den neuen Palast schließlich zu einem großzügigen, mit allem Komfort ausgestatteten Wohntrakt für die verwöhnte Königstochter.

Umfangreiche Veränderungen resultierten aus der Anlage des berühmten *Hortus Palatinus*, eines weitläufigen Parks, mit dessen Gestaltung der bereits erwähnte Ingenieur und Gartenarchitekt Salomon de Caus 1616 beauftragt worden war. Dieser verbaute unter geschickter Ausnutzung des Geländes die Hänge des Friesentals mit fünf großen Terrassen, zu deren Sicherung gewaltige Stützmauern notwendig waren. Das so gewonnene ebene Terrain gestaltete er durch kunstvolle, geometrisch angelegte Beete mit seltenen Pflanzen, durch Bassins und Brunnen mit künstlichen Grotten, Labyrinthen, Kabinette und Lusthäuser, die alle reich mit – zum Teil mechanisch bewegbaren oder musizierenden – Skulpturen ausgestattet werden sollten. Einen anschaulichen Eindruck von der angestrebten Großartigkeit des wegen der Übersiedlung Friedrichs nach Prag und der Wirren des Dreißigjährigen Krieges unvollendet gebliebenen Gartens vermittelt das um 1620 entstandene Gemälde Jacques Foucquières († 1659) im Kurpfälzischen Museum [s. Seite 20].

Die über alle technischen Schwierigkeiten hinwegsehende Souveränität, mit der Friedrich V. den Stammsitz seiner Vorfahren, vor allem aber die umgebende Natur seinem gestalterischen Willen unterwarf, trägt unverkennbar frühabsolutistische Züge. Es hat ihn kaum gestört, daß durch den Ausbau des Schlosses zur repräsentativen Residenz, vor allem wegen der Terrassierung des Geländes sowie wegen der Aufgabe der Wälle und des Dicken Turms als Verteidigungsbauten, die Funktionen der Wehranlage faktisch verloren gingen. Die logische Konsequenz dieser Schwächung zeigte sich, als 1622 das Heidelberger Schloß nach nur kurzer Belagerung fast kampflos geräumt und an die Truppen des Grafen Tilly († 1632) übergeben werden mußte. Der nachfolgenden Plünderung fielen bedeutende Ausstattungsstücke zum Opfer, deren Verlust die kontinuierlich über Jahrhunderte gewachsenen Strukturen herrschaftlicher Selbstdarstellung der Pfalzgrafen und Kurfürsten bei Rhein erstmals unterbrach. Damit war ein sich bis zur systematischen Zerstörung des Schlosses durch die Truppen Ludwigs XIV. († 1715) im Pfälzischen Erbfolgekrieg 1689 und 1693 immer mehr beschleunigender Auflösungsprozeß in Gang gesetzt, an dessen Ende die vielbesungene Ruine stand, mit ihren schweigenden Fürstenbildern.

Literatur:


Die Kunstdenkmäler des Amtsbezirks Heidelberg – Kreis Heidelberg. Bearb. v. Adolf von Oechelhäuser. Tübingen 1913.

Becker, Albert: Die ersten Heidelberger Schloßbeleuchtungen 1807 – 1815 – 1830, in: Zeitschrift für die Geschichte des Oberrheins, Neue Folge 50 (1937), S. 135 – 141.

Benz, Richard: Heidelberg. Schicksal und Geist. Konstanz 1961.

Gamer, Jörg: Matteo Alberti. Düsseldorf 1978.

Gardt, Andreas (Hrsg.): Ein Engländer in Heidelberg – 1608. Thomas Coryates Betrachtungen. Heidelberg 1986.

Gensichen, Sigrid: Das Heidelberger Schloß. Fürstliche Repräsentation in Architektur und Ausstattung, in: Mittler, Elmar (Hrsg.): Heidelberg – Geschichte und Gestalt (erscheint 1996).

Göricke, Joachim: Zur Heidelberger Schloßruine im Rahmen der romantischen Bewegung, in: Strack, Friedrich (Hrsg.): Heidelberg im säkularen Umbruch. Traditionsbewußtsein und Kulturpolitik um 1800. Stuttgart 1987, S. 383 – 393.

Hartlaub, Georg Friedrich: Zur Symbolik des Skulpturenschmucks am Ottheinrichsbau, in: Wallraf-Richartz-Jahrbuch 14 (1952), S. 165 – 181.

Koch, Julius und Fritz Seitz: Das Heidelberger Schloß. Darmstadt 1891.

Le Bris, Michel (Hrsg.): Victor Hugo – Le Rhin. Strasbourg 1980.

Neumann, Carl: Zur Geschichte und zum Charakter des Ottheinrichsbaus (hrsg. v. Walter Karl Zülch). Heidelberg 1949.

Oechelhäuser, Adolf von: Das Heidelberger Schloß, 8. Aufl., besorgt von Joachim Göricke. Heidelberg 1987.

Poensgen, Georg: Das Heidelberger Schloß. Bau – Geschichte – Schicksal, in: Heidelberger Jahrbücher 18 (1974), S. 138 – 163.

Poensgen, Georg (Hrsg.): Ottheinrich. Gedenkschrift zur vierhundertjährigen Wiederkehr seiner Kurfürstenzeit in der Pfalz (1556 – 1559). Heidelberg 1956.

Rossmann, Kurt: Der Ottheinrichsbau, in: Poensgen, a. a. O., S. 261 – 273.

Salomon de Caus: Hortus Palatinus. Die Entwürfe zum Heidelberger Schloßgarten, 1620 (Nachdruck, Worms 1980; Kommentarband, hrsg. v. Reinhard Zimmermann, Worms 1986).

Schaab, Meinrad: Geschichte der Kurpfalz, 2 Bde., Stuttgart 1988/92.

Schütte, Ulrich: Das Schloß als Wehranlage. Befestigte Schloßbauten der frühen Neuzeit im alten Reich. Darmstadt 1994.

Sellin, Volker: Heidelberg im Spannungsfeld deutsch-französischer Konflikte. Die Schloßruine und ihre Stilisierung zum nationalen Symbol im Zeitalter der Französischen Revolution und Napoleons, in: Strack, Friedrich (Hrsg.): Heidelberg im säkularen Umbruch. Traditionsbewußtsein und Kulturpolitik um 1800. Stuttgart 1987, S. 19 – 34.

Skalecki, Georg: Deutsche Architektur zur Zeit des Dreißigjährigen Krieges. Der Einfluß Italiens auf das deutsche Bauschaffen. Regensburg 1989.

Stark, Karl Bernhard: Das Heidelberger Schloß in seiner kunst- und kulturgeschichtlichen Bedeutung, in: Sybels Historische Zeitschrift 6 (1861).

Vetter, Roland (Hrsg.): Das Schloß gesprengt, die Stadt verbrannt. Robert Salzer: Zur Geschichte Heidelbergs in den Jahren 1688 und 1689 und von dem Jahre 1689 bis 1693. Nachdruck der Ausgaben von 1878 und 1879. Heidelberg 1993.

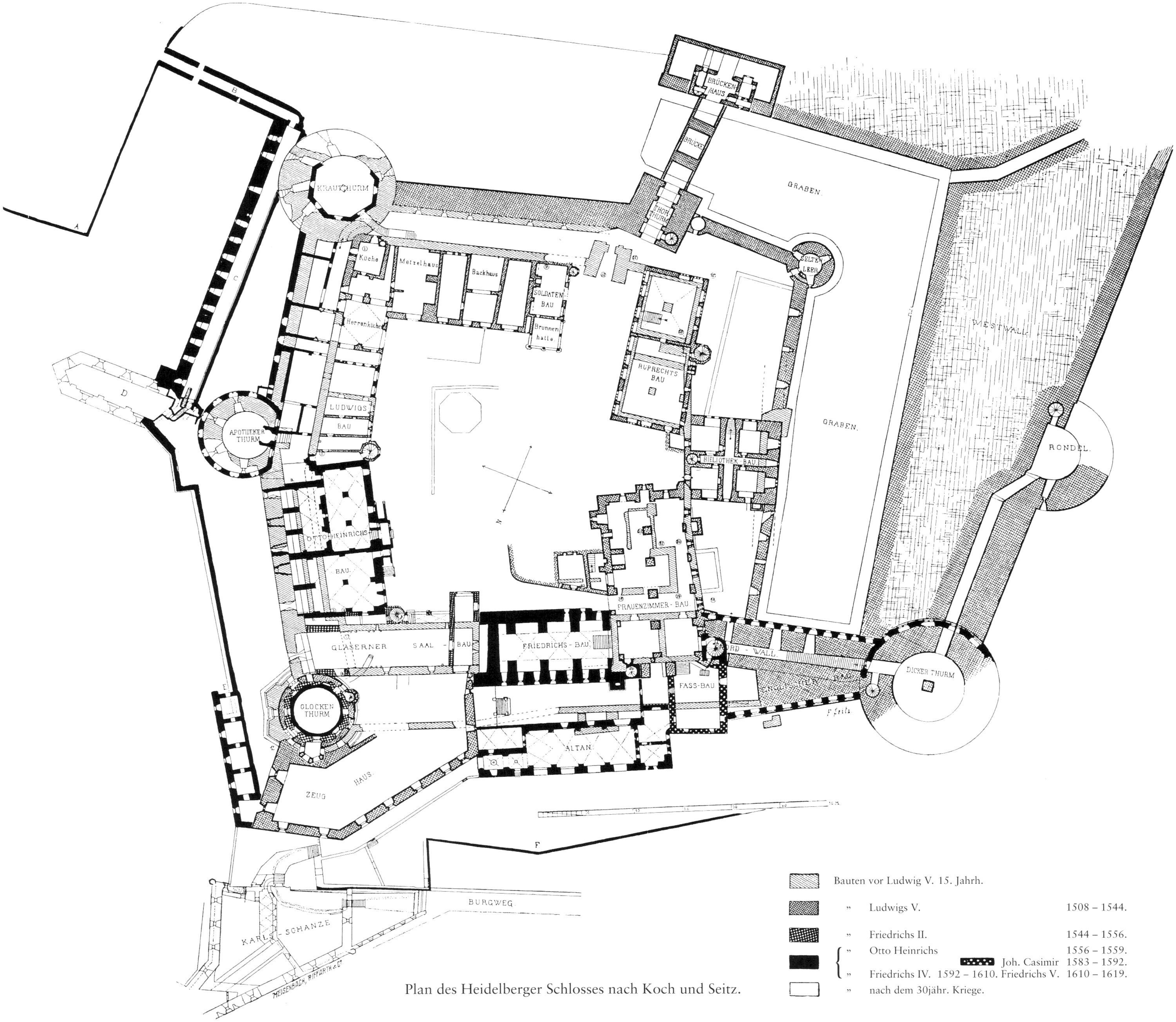


Plan des Heidelberger Schlosses nach Koch und Seitz.

# THE HISTORY OF HEIDELBERG CASTLE

Heidelberg Castle, once the residence of the Electors Palatine, has been a ruin since it was destroyed in 1689 and 1693 during the War of the League of Augsburg and suffered further damage in the fire of 1764. One of the reasons that it was not rebuilt was the removal of the Electoral residence to Mannheim in 1720; moreover, in the view of many 19th-century Germans of nationalistic persuasion, the ruin was to serve as a reminder of the "most ignominious period of German helplessness and inner turmoil."

As the residence of the Electors Palatinate, the history of Heidelberg Castle is closely tied to the fate of the Palatinate, one of the major secular principalities of the old German Empire. The Palatinate attained its greatest territorial expansion around 1500, during the reign of Elector Philip the Forthright (1476–1508). At that time it extended from Bacharach and Kaub on the Middle Rhine to Colmar and Mulhouse in Alsace and from Kaiserslautern to Maulbronn and Löwenstein. Despite considerable loss of territory in the War of the Landshut Succession of 1504, the Electorate was to remain a major power in German politics in the century to come.

Following first steps taken by Frederick II (1544–1556), Ottheinrich (1556–1559) brought the Lutheran Reformation to the Palatinate; his successor, Frederick III (1559–1576), introduced Calvinism. Frederick V's (1610–1620) dreams of being King of Bohemia were abruptly dashed in the Battle of the White Mountain, near Prague, on November 8, 1620. The territory of the Palatinate was occupied. In September, 1622, Tilly, the commander of the Catholic League, also conquered town and castle in Heidelberg. Duke Maximilian of Bavaria was awarded the Upper Palatinate and the title Elector Palatine. Frederick V was put under the ban and died in 1632 without having gained back his land. It was his son Charles Louis (1649–1680) who was to return to the devastated and depopulated Rhenish Palatinate in 1649, after the Peace of Westphalia.

In the hope of securing his land, which by now had become much smaller, he married his daughter Elizabeth Charlotte to Philip, Duke of Orléans, the brother of Louis XIV, in 1671. When 14 years later Elector Charles died, thus bringing the Simmern Line of the Electoral House to an end, the French king laid claim to parts of the Palatinate territory in the name of his sister-in-law. These claims were included in a catalogue of demands with which Louis XIV went to war against the Empire in 1688, in the course of which Heidelberg Castle was destroyed in 1689 and 1693. After the Peace of Ryswick (1697), which ended the war, Elector John William (1690–1716) began rebuilding the Castle, but this was interrupted by the War of the Spanish Succession, after which Charles Philip (1716–1742) made a fresh start at rebuilding the Castle. However, a conflict with the council of the Reformed Church over the use of the Church of the Holy Spirit prompted Charles Philip to move the Electoral residence to Mannheim in 1720. Thus, the rebuilding of Heidelberg Castle was discontinued. Charles Philip's decision had robbed it of its purpose, and there was consequently no need to rebuild the Castle after the fire caused by lightning striking in 1764. When the Bavarian Electoral House died out in 1778, Charles Theodore (1742–1799) decided to move from Mannheim to Munich, thus removing the ruler still further from his original residence.

But let us now repair back to the beginnings of Heidelberg Castle. Like many other European castles, such as Blois and Fontainebleau in France, Heidelberg Castle also evolved from a medieval fortress; it was in the hands of the Rhenish Count Palatinate Conrad, a half-brother of Emperor Frederick Barbarossa, by 1174, at the latest.

The oldest architectural fragments found on the grounds of the later Castle stem from the 13th century, however. Most of the architectural remains of the erstwhile Castle stem from a period of 200 years. The beginning and end of this period are marked by the palaces of two rulers, the first of whom symbolises the ascent of the Electorate and the other its decline. Elector Rupert III, who from 1400–1410 was also the German King Rupert I, had the Rupert Palace built in the southwest corner of the Castle courtyard, with a ground floor of masonry and a half-timber upper storey. Two hundred years later, shortly before the Thirty Years' War, the English Palace of Frederick V was built on the western edge of the north side, adjacent to the Thick Tower. A comparison of the two buildings shows in what way the Castle developed during the period of the Electorate's prominence. The Rupert Palace is aligned with the inner-perimeter wall and thus clearly follows medieval security tenets, which dictated that residential buildings should only be built inside the fortress ring. Accordingly, all residential buildings opened on the courtyard. The English Palace, in contrast, is situated in front of the inner wall, with no direct access to the courtyard, on the North Wall built by Louis V (1508–1544), between the Barrel Building and the Thick Tower, and turns its decorative main façade outward to the town below. The Frederick Palace of Frederick IV (1592–1610), completed in 1607, indeed also shows a magnificent façade to the town, but it is far surpassed by that facing the courtyard. In the case of the Ottheinrich Palace, begun by Elector Ottheinrich (1556–1559) and named after him, the contast between the richly decorated Renaissance façade on the courtyard side and the unadorned outer wall facing east is even more marked, not to mention the Hall-of-Mirrors Building of Frederick II (1544–1556) in the northeastern corner of the Castle, which gets its name from the Venetian mirrors adorning the north wall of the grand banqueting hall in the top storey.

The most active of the builders in the 16th century was Louis V (1508–1544), who in the 36 years of his reign probably changed the Castle more fundamentally than any Elector before or since. Louis V also erected a monument to himself by building a large palace on the east side of the Castle, a building of sober, unimaginative architecture. Apart from the Louis Palace, Louis V also had the Library Building built over the western outer ward, and the Ladies' Palace, residence of the ladies-in-waiting. He had the upper storeys of the Rupert Palace rebuilt with masonry, added a stairway tower, and heightened the Bell Tower on the other side of the Castle. The domestic facilities and the "Soldiers' Building" with Well House in the southeastern portion of the Castle grounds also go to Louis' credit.

But Louis' building activity was not limited to residential and domestic buildings alone, but also included bolstering the fortifications. He built the North Wall and placed the Thick Tower in front of it. To secure the western flank he built the Artillery Garden, a powerful bastion between two high walls on which artillery pieces were place to ward off sieges. In addition, the Gate Tower and bridge on the south side of the Castle stem from Louis' reign.

The Castle buildings of the following period shifted the emphasis more and more in the direction of manifest splendour and representation. Ever since Frederick V (1610–1620) transformed the Artillery Garden into a pleasure garden and had a further, extensive garden, the famed Hortus Palatinus, built by the Frenchman Salomon de Caus a few years before the Thirty Years' War broke out, the fortress character of the Castle receded more and more into the background. How little the defences, which had only recently been bolstered under Louis V, were in keeping with developments in military technology can be seen alone in the fact that Heidelberg town and Castle were conquered several times in the course of the 17th century, first during the Thirty Years' War and then during the War of the Augsburg League, and ended up being almost completely destroyed.

The destruction of the Castle was a process which went on for three quarters of a century. That what is up there on Jette Hill is a ruin today, however, is not simply the result of its physical destruction – first by the soldiers of the Sun King, then by a lightning bolt – but is also a consequence of its loss of purpose after the removal of the Electoral residence to Mannheim by Elector Charles Philip in 1720.

SCHLOSSALTAN UND WÄCHTERHÄUSCHEN | THE CASTLE TERRACE WITH SENTRY BOX

ALTE BRÜCKE UND SCHLOSS | OLD BRIDGE AND CASTLE

SCHLOSS UND RHEINEBENE NACH WESTEN | THE CASTLE LOOKING TOWARDS THE RHINE VALLEY

DIE SCHEFFELTERRASSE | THE SCHEFFEL TERRACE

DAS SCHLOSS
IN DER ABENDDÄMMERUNG

THE CASTLE
IN THE EVENING TWILIGHT

DAS SCHLOSS ÜBER DER ALTSTADT AM NECKAR | THE CASTLE OVER THE HISTORIC TOWN ON THE NECKAR

FRIEDRICHSBAU, SCHLOSSALTAN UND GLOCKENTURM | FREDERICK PALACE, CASTLE TERRACE AND BELL TOWER

DIE NORDFASSADE DES FRIEDRICHSBAUS | THE NORTH FACADE OF THE FREDERICK PALACE

FRIEDRICHSBAU UND ALTAN MIT WÄCHTERHÄUSCHEN | FREDERICK PALACE AND TERRACE WITH SENTRY BOX

FRIEDRICHSBAU, ALTAN UND FASSBAU | FREDERICK PALACE, TERRACE AND BARREL CELLAR

DAS SCHLOSS VON OSTEN
MIT ALTSTADT

THE CASTLE FROM THE EAST
WITH THE HISTORIC TOWN

DIE SCHLOSSANLAGE VOM EINGANGSTOR | THE CASTLE GROUNDS FROM THE ENTRANCE GATE

ENGLISCHER BAU UND STÜCK-GARTEN | ENGLISH PALACE AND ARTILLERY GARDEN

BIBLIOTHEKSBAU,
RUPRECHTSBAU UND TORTURM | LIBRARY BUILDING,
RUPERT PALACE AND GATE TOWER

DER APOTHEKERTURM | THE APOTHECARY'S TOWER

DICKER TURM, ENGLISCHER BAU UND BIBLIOTHEKSBAU | THICK TOWER, ENGLISH PALACE AND LIBRARY BUILDING

DICKER TURM
VOM STÜCKGARTEN

THICK TOWER FROM
THE ARTILLERY GARDEN

IM HIRSCHGRABEN | IN THE CASTLE MOAT

DER RUPRECHTSBAU | THE RUPERT PALACE

BIBLIOTHEKTSBAU UND ENGLISCHER BAU | LIBRARY BUILDING AND ENGLISH PALACE

TREPPENTURM ZWISCHEN
OTTHEINRICHS- UND LUDWIGSBAU

STAIRWAY TOWER BETWEEN
THE OTTHEINRICH AND LOUIS PALACES

RUPRECHTSBAU UND TORTURM | RUPERT PALACE AND GATE TOWER

DAS ELISABETHENTOR VON SÜDEN | THE ELIZABETH GATE FROM THE SOUTH

DIE NORDOSTECKE DES ENGLISCHEN BAUS | THE NORTHEAST CORNER OF THE ENGLISH PALACE

DURCHGANG ZUM ALTAN | PASSAGEWAY TO THE TERRACE

IM GLOCKENTURM | IN THE BELL TOWER

SCHLOSSHOF MIT BRUNNENHALLE | CASTLE COURTYARD WITH WELL HOUSE

GLÄSERNER SAALBAU UND OTTHEINRICHSBAU | HALL-OF-MIRRORS BUILDING AND OTTHEINRICH PALACE

DIE GALERIE AM GLÄSERNEN SAALBAU MIT SCHLOSSHOF | THE GALLERY OF THE HALL-OF-MIRRORS BUILDING WITH COURTYARD

OTTHEINRICHSBAU | OTTHEINRICH PALACE

STATUE DES SATURNS AM OTTHEINRICHSBAU | STATUE OF SATURN ON THE OTTHEINRICH PALACE

PORTAL AM OTTHEINRICHSBAU | PORTAL OF THE OTTHEINRICH PALACE

GLÄSERNER SAALBAU, GLOCKENTURM UND OTTHEINRICHSBAU | HALL-OF-MIRRORS BUILDING, BELL TOWER AND OTTHEINRICH PALACE

KARYATIDEN AM PORTAL DES OTTHEINRICHSBAUS | CARYATIDS BEFORE THE PORTAL OF THE OTTHEINRICH PALACE

KOPF DER MARSSTATUE AM OTTHEINRICHSBAU | HEAD OF THE STATUE OF MARS ON THE OTTHEINRICH PALACE

WÄCHTERSTATUEN AM TORTURM | STATUES OF SENTRIES ON THE GATE TOWER

DIE HOFFASSADE
DES FRIEDRICHSBAUS

THE COURTYARD FACADE
OF THE FREDERICK PALACE

DIE HOFFASSADE
DES RUPRECHTS- UND BIBLIOTHEKSBAUS

THE COURTYARD FACADES
OF THE RUPERT PALACE AND LIBRARY BUILDING

DIE STATUE KÖNIG RUPRECHT I.
AM FRIEDRICHSBAU

THE STATUE OF KING RUPERT I.
ON THE FREDERICK PALACE

OBERGESCHOSSE DER HOFFASSADE DES FRIEDRICHSBAUS | UPPER STOREYS OF THE COURTYARD FACADE OF THE FREDERICK PALACE

GALERIE
AM GLÄSERNEN SAALBAU | GALLERY IN THE
HALL-OF-MIRRORS BUILDING

GALERIE
DER SCHLOSSKAPELLE | GALLERY
OF THE CASTLE CHAPEL

MISERICORDIA-STATUE VOM OTTHEINRICHSBAU UND KURFÜRST RUPRECHT VOM FRIEDRICHSBAU

MISERICORDIA STATUE FROM THE OTTHEINRICH PALACE AND ELECTOR RUPERT FROM THE FREDERICK PALACE

DIE SCHLOSSKAPELLE | THE CASTLE CHAPEL

TREPPENHAUS
IM FRIEDRICHSBAU

STAIRWAY IN THE
FREDERICK PALACE

TREPPENAUFGANG IM FRIEDRICHSBAU | STAIRWAY IN THE FREDERICK PALACE

WAPPEN UND MEDAILLON OTTHEINRICHS | COAT-OF-ARMS AND MEDALLION OF OTTHEINRICH

TÜRGEWÄNDE IM OTTHEINRICHSBAU | DOORCASES IN THE OTTHEINRICH PALACE

ANNO
DOMINI
1899

PRUNKRÄUME
IM FRIEDRICHSBAU

STATEROOMS IN
THE FREDERICK PALACE

SCHMUCKRIEGEL IM FRIEDRICHSBAU | EMBELLISHED BOLT IN THE FREDERICK PALACE

PRUNKRÄUME
IM FRIEDRICHSBAU

STATEROOMS IN
THE FREDERICK PALACE

GÄNGE
IM FRIEDRICHSBAU

CORRIDORS IN
THE FREDERICK PALACE

IMPERATOR
NERVA

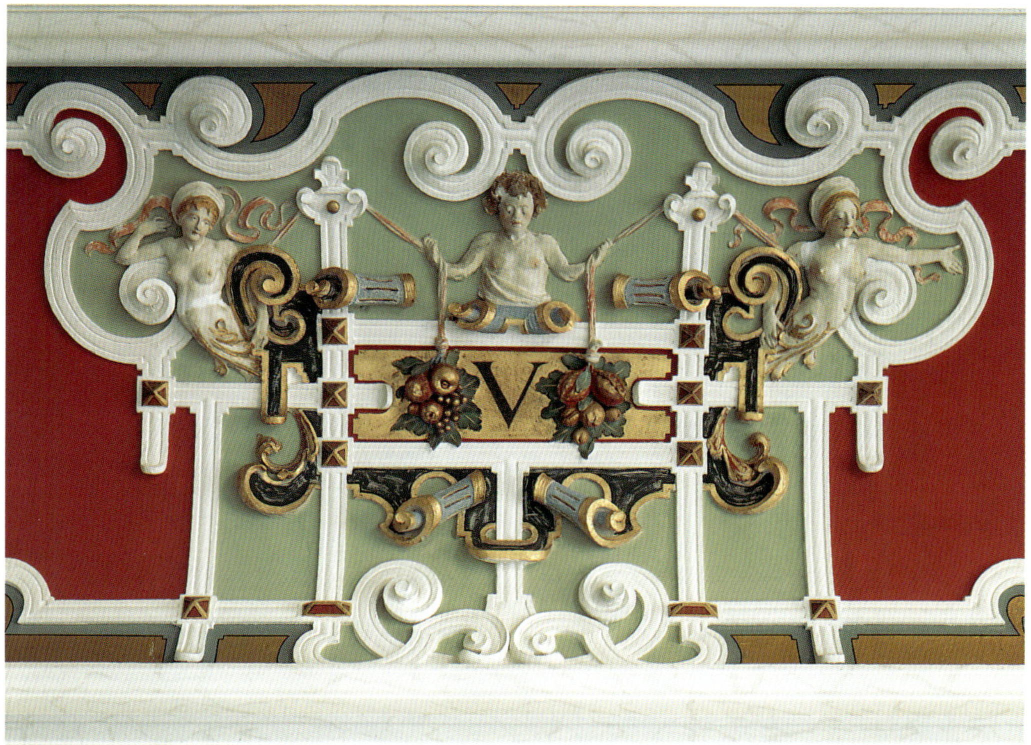

DETAILS AUS STUCKDECKEN IM FRIEDRICHSBAU | DETAILS OF THE CEILING IN THE FREDERICK PALACE

ZIMMER IM FRIEDRICHSBAU | ROOM IN THE FREDERICK PALACE

DECKENDETAIL
IM FRIEDRICHSBAU

CEILING DETAIL IN
THE FREDERICK PALACE

IM APOTHEKENMUSEUM | IN THE APOTHECARY MUSEUM

CARICAE
CETACEUM
CORT. AURANT
CORT. CHINAE
OBLATT
SAL. AMAR
SAL. GLAUB
FLOR. CHAMOMILL ROM
FLOR. CHEYRI
FLOR. LAVANDUL
FLOR. MALV. SYLV
FLOR. VERBASCI
RAD. ALCAN
RAD. ALTHAE
RAD. ANGELIC
RAD. BARDAN

KASEMATTEN | CASEMATES

DAS UHRWERK DER TURMUHR | THE CLOCKWORK OF THE GATE TOWER

DAS BRÜCKENHAUS AM SCHLOSSGRABEN | THE BRIDGE HOUSE AT THE CASTLE MOAT

SCHLOSSHOF
VOM GLOCKENTURM NACH SÜDEN

THE CASTLE COURTYARD
LOOKING SOUTH FROM THE BELL TOWER

TORE DES BRÜCKENHAUSES UND DES TORTURMS | THE GATES OF THE BRIDGE HOUSE AND THE GATE TOWER

ALTES SCHLOSSTOR UND HEXENRING AM HAUPTTOR | OLD CASTLE GATE AND WITCHES' RING AT MAIN GATE

DER SCHLOSSBRUNNEN IM SCHLOSSHOF | THE CASTLE WELL IN THE COURTYARD

DIE BRUNNENANLAGE IM SCHLOSSPARK | THE FOUNTAIN IN THE CASTLE GARDENS

FEUERWERK UND SCHLOSSBELEUCHTUNG | FIREWORKS AND CASTLE ILLUMINATION

GESPRENGTER KRAUT-TURM | THE EXPLODED OR POWDER TOWER

SCHLOSSPARK NACH WESTEN | THE CASTLE GARDENS LOOKING WEST

GALERIE
DES HORTUS PALATINUS

GALLERY
OF THE HORTUS PALATINUS

DER GLOCKENTURM VON DER SCHEFFEL-TERRASSE NACH WESTEN | THE BELL TOWER AS SEEN LOOKING WEST FROM THE SCHEFFEL TERRACE

TERRASSEN IM SCHLOSS-PARK | TERRACES IN THE CASTLE GARDENS

IM SCHLOSSPARK | IN THE CASTLE GARDENS

STÜTZMAUER DER SCHEFFELTERRASSE | SUPPORTING WALLS OF THE SCHEFFEL TERRACE

TERRASSE
IM SCHLOSSPARK

TERRACE IN
THE CASTLE GARDENS

GOETHEBANK IM SCHLOSSPARK | GOETHE BENCH IN THE CASTLE GARDENS

SCHEFFELTERRASSE MIT SCHLOSS NACH WESTEN | SCHEFFEL TERRACE WITH CASTLE, LOOKING WEST

DAS SCHLOSS VOM KARLSPLATZ | THE CASTLE FROM KARLSPLATZ

OTTO REX
HVNGARI
MCCCXII